本书获得清华大学亚洲研究中心2016年度出版资助

创新驱动的
知识产权政策

何　隽　著

知识产权出版社

全国百佳图书出版单位

图书在版编目（CIP）数据

创新驱动的知识产权政策 / 何隽著. — 北京：知识产权出版社，2018.3
ISBN 978-7-5130-5451-5

Ⅰ.①创… Ⅱ.①何… Ⅲ.①知识产权制度－研究－中国 Ⅳ.①D923.04

中国版本图书馆CIP数据核字（2018）第038185号

内容提要

本书围绕实施创新驱动发展战略中的知识产权政策导向问题，系统研究自主创新与知识产权国际规则、国外创新政策的知识产权政策导向比较、创新模式转换与知识产权政策、创新驱动发展战略中的知识产权政策体系等专题。研究表明，实施创新驱动发展战略，知识产权政策必须平衡各方利益诉求，融入全球竞争格局。新一轮知识产权制度设计必须采取平衡型政策，在社会福利水平、在先创新者利润和社会总体创新效率三者之间寻求最优解。同时，中国知识产权政策体系必然面对制度移植后的本土化问题，要在符合国际规则与降低社会和经济成本之间寻求变通。

责任编辑：许　波　　　　　　　　　　　责任出版：刘译文

创新驱动的知识产权政策

CHUANGXIN QUDONG DE ZHISHICHANQUAN ZHENGCE

何　隽　著

出版发行：知识产权出版社 有限责任公司		网　　址：http://www.ipph.cn	
		http://www.laichushu.com	
电　　话：010－82004826			
社　　址：北京市海淀区气象路50号院		邮　　编：100081	
责编电话：010－82000860转8380		责编邮箱：xubo@cnipr.com	
发行电话：010－82000860转8101 / 8029		发行传真：010－82000893 / 82003279	
印　　刷：北京嘉恒彩色印刷有限责任公司		经　　销：各大网上书店、新华书店及相关专业书店	
开　　本：720mm×1000mm　1/16		印　　张：13	
版　　次：2018年3月第1版		印　　次：2018年3月第1次印刷	
字　　数：180千字		定　　价：48.00元	

ISBN 978-7-5130-5451-5

前　言

实施创新驱动发展战略,就是要使市场在资源配置中起决定性作用和更好发挥政府作用,破除一切制约创新的思想障碍和制度樊篱,激发全社会创新活力和创造潜能。知识产权是科技成果转化的有效途径,是解决科技成果向现实生产力转化"最后一公里问题"的有效途径。在国家创新政策体系中,知识产权为实现创新驱动发展战略目标提供了重要的制度支撑和法律保障。实施创新驱动发展战略,必然涉及相关政策的调整和优化。

基于上述考量,本书综合运用文本分析、案例分析、历史分析、实证分析和比较研究等方法,围绕实施创新驱动发展战略中的知识产权政策导向问题,系统深入地开展了自主创新与知识产权国际规则、国外创新政策的知识产权政策导向比较、创新模式转换与知识产权政策、创新驱动发展战略中的知识产权政策体系等专题研究。

基于国际公约的考察,研究指出,知识产权制度具有浓厚的公共政策色彩,很大程度上是各国为促进本国经济社会发展而采取的政策性手段,在保护范围和保护强度方面,都存在政策上的考虑和利益上的平衡。当知识产权保护突破以《保护工业产权巴黎公约》(以下简称《巴黎公约》)和《保护文学和艺术作品伯尔尼公约》(以下简称《伯尔尼公约》)为代表的传统国际保护体系框架,与贸易规则紧密结合在一起时,贸易成为撬动全球利益的支点,知识产权的"力臂"长短将决定发达国家与发展中国家间的力量对比。在全球化时代的今天,鼓励自主创新与现行知识产权国际保护体系并不矛盾,一个鼓励自主创新的知识产权制度必然根植于开放的社会制度之上。

基于国际视角的比较,本书开展了企业专利竞争政策、知识产权创新人才政策的实践研究。研究认为,在全球化时代,企业的专利竞争,最终将发展为一场自主创新能力的博弈。对中国企业而言,挑战与机遇并存:一方面,需要面对熟悉市场规则、垄断基础专利、占据着优势竞争地位的竞争对手;另一方面,有着巨大的国内市场、强劲的经济增长动力、充沛的科研经费的支持。因此,下一个十年,将是中国企业能否全面发展与逐步赶超国际优势企业的战略机遇期,而如何调整和优化以创新为导向的知识产权政策至为关键。芬兰国家创新体系与创新人才职业发展的实践证明,通用技能教育和职业规划教育是创新人才培养中亟须完善的关键,也是实施创新驱动发展战略中知识产权人才政策尤其需要明确的导向。

基于药品、网络音乐、低碳技术等典型产业的研究,有三个重要结论。其一,鉴于专利对药品价格的影响,药品知识产权所涵盖的绝不仅是私人利益的分配问题和经济问题,而是涉及道德问题和政治问题。《TRIPs协议》及《多哈宣言》对药品专利权进行限制,其中最重要的是为了公共健康目的和惠及最少受惠者的强制许可制度,以及权利用尽和平行进口制度。与此同时,《TRIPs协议》出于对效益与效率的考虑,对药品知识产权在某些方面也提供了强化保护机制。因此,药品知识产权政策以卫生公平为导向。其二,网络环境给传统的音乐版权制度带来了巨大的挑战。面对网络盗版的冲击,应当鼓励商业模式创新,让更多的正版音乐流入市场。未来音乐产业健康发展的关键就是培育适合网络环境的音乐版权商业模式。其三,伴随低碳发展新技术,需要创造全新的技术运营模式。建立以绿色发展为导向的低碳技术共享专利池不仅会推动经济发展,还能够提供更优质的生活品质,更容易吸引人才并激发人的创造力,增加经济发展潜力。

总之,实施创新驱动发展战略,知识产权政策必须平衡各方利益诉求,融入全球竞争格局。新一轮知识产权制度设计必须采取平衡型政策,在社会福利水平、在先创新者利润和社会总体创新效率三者之间寻求最优解。同时,中国知识产权政策体系必然面对制度移植后的本土化问题,要在符合国际规则与降低社会和经济成本之间寻求变通。

本书最后对知识产权政策与国际竞争格局、技术创新与技术引进的互动、政府在知识产权政策体系中的作用、市场对创新资源配置的功效、知识产权政策与竞争政策的协调、知识产权政策与其他配套政策六个方面给出了对策建议。

目　录

第一章 自主创新与知识产权政策:基于国际公约的考察

　　创新是发展的引擎。在全球化背景下,无论是发达国家,还是发展中国家,都需要解决知识的创造与流动问题。自主创新能力是国家竞争力的核心,鼓励自主创新的法律政策一方面对促进我国内生性科技发展起到了很好的引导作用,另一方面则可能引起国际贸易争端。近年来我国鼓励自主创新的系列法律政策引起了跨国公司和发达国家政府的质疑,争论焦点在于这些法律政策是否给予在华外资企业和外商投资以国民待遇。

　　与之相应,世界贸易组织(World Trade Organization,WTO)最初将知识产权纳入其管辖范围时曾面临激烈争论,经过30年实践,在WTO的作用下,贸易与知识产权之间的结合越来越紧密。进入21世纪后,《反假冒贸易协议》(ACTA)与《跨太平洋伙伴关系协议》(TPP)的谈判日趋频繁、激烈,对照WTO的历史,大有"前度刘郎今又来"的架势。在此背景下,有必要在WTO框架下认真审视自主创新与知识产权保护政策的关系。

第一节　鼓励自主创新与遵守国际规则之间的关系

提高自主创新能力,建设创新型国家,是我国在新的历史发展机遇期所做出的一项重大战略决策。《国家中长期科学和技术发展规划纲要(2006—2020年)》的颁布实施,标志着我国开始自觉构建以自主创新为导向的政策体系。2006年12月,科技部、国家发展和改革委员会、财政部联合发布《国家自主创新产品认定管理办法(试行)》。此后,国务院又联合各部委陆续发布一系列支持创新的政策,地方政府也相继出台相关政策法规,加上对自主创新产品在政府采购上的配套优惠措施,标志着我国促进自主创新的政策体系已初步形成。

自主创新政策的发布和实施,引起一些跨国公司特别是在华外资企业的极大关注;同时也引起了某些发达国家政府的质疑。自2009年起,美国美中贸易全国委员会(USCBC)连续3年发起对会员企业在华经营年度调查和商务环境调查。结果显示,绝大多数受访的外资企业对自主创新政策表示担心,其中相当多外资企业表示自主创新政策已经或将开始对其业务造成负面影响。其关注焦点在于自主创新政策与政府采购政策密切相关,从而引发了有关外国企业在中国是否享有国民待遇,是否存在利用自主创新政策在政府采购上歧视外国企业的争论。

自主创新政策同样面临着外交上的压力。2010年,自主创新政策成为中美战略经济对话的重要议题。2010年11月,美国国际贸易委员会(USITC)正式启动对中国知识产权侵权和自主创新政策的"332调查"。2011年5月,USITC向美国参议院提交了《中国的知识产权侵权和自主创新政策对美国经济影响》的报告。报告指出,中国已构建了一个自主创新政策网络,这些政策未给予国外竞争者国民待遇,对外商直接投资和向中国出口形成了障碍。欧盟国家对自主创新政策同样给予了高度重视和质疑。2012年3月,中国欧盟商会对工信部发布的《2012年度党政机关公务用车选用车型目录》提出反对,其理由为该目录与财政部之前停止执行的政府优先采购自主创新品牌的政策相悖。

与此同时,自主创新政策还面临着如何与国际规则协调的现实问题。鉴于中国已经加入WTO,而国民待遇原则是众多知识产权公约所确认的首要原则,是现行知识产权国际保护的基石。因此,如何履行和适用WTO体系的国民待遇义务,如何利用国民待遇条款为鼓励自主创新争取更加公平合理的环境,是非常重要的现实课题。同时,我国政府承受着美国和欧盟在知识产权保护方面的压力,如何在WTO框架下解决可能面临的争端变得非常紧迫。

因此,当务之急必须解决的问题是,明确自主创新政策与中国对WTO承诺之间是否存在冲突? 即鼓励自主创新是否违背国际承诺?

一、知识产权公约国民待遇原则的发展

国民待遇原则是众多知识产权公约的首要原则,也是现行知识产权国际保护的基石,其基本含义是,在知识产权保护方面,各成员国之间相互给予平等待遇,使成员国国民与本国国民享受同等待遇。

该原则最早由1883年制定的《巴黎公约》与1886年制定的《伯尔尼公约》所确定。在此之前,国家之间使用互惠原则而不是国民待遇原则协调其在国内知识产权政策上的分歧。互惠原则又称对等原则,是协调国家间知识产权法律或政策分歧的重要工具。国民待遇原则与互惠原则最重要区别在于适用互惠原则不要求国际条约的存在,一个国家只要认为其他国家会给予本国国民对等优惠,就可以单方面采用互惠原则**❶**。

《巴黎公约》签署后,随着知识产权公约的增多,国民待遇原则取代互惠原则。各成员国之间不再要求互惠待遇,而是每一成员国必须将其给予本国国民的待遇同样给予其他成员国的国民。通常认为,只要遵守公约就可以充分保障各成员国之间的互惠。**❷**以专利制度为例,一个显而易见的好处是,在国民待遇原则下,发明人的发明动机不依赖于其所居住的处所,也不受当地知识产权法律的影响,即使存在各国保护制度上的特异性,也不存在发明人动机的特异性。**❸**

由于《巴黎公约》和《伯尔尼公约》仅包括有限的实质性法律条款,在知识产权的具体保护规范上,要求成员国适用自己本国的法律。正因为缺少明确的实体性保护规范,《巴黎公约》后期受到了一些批评和责难——尽管《巴黎公约》的国民待遇原则要求给予成员国国民与本国国民同等待遇,但实体性规范的缺失仍导致一些成员国只提供相对很少的知识产权保护。**❹**《伯尔尼公约》吸取了教训,规定了文学和艺术作品的保护范围、保护人群、保护期限以及根据公约给予这些作品的独占性权利。对照《巴黎公约》,可以发现后者对成员国的要求更少。**❺**

TRIPs谈判期间,国民待遇原则被纳入了《与贸易有关的知识产权协议》(以下简称《TRIPs协议》),然而在欧盟视频产品补偿金问题上,美国和欧盟一直没有达成一致。在乌拉圭回合谈判中,美国娱乐业面临的主要问题是解决对电影制片人的市场准入限制。例如,法国政府对外国电

---

❶ JAY DRATLER. Intellectual Property Law: Commercial, Creative and Industrial Property [M]. New York: Law Journal Seminars Press, 1991: 1.99-1.100.

❷ GEORG H. C. BODENHAUSEN. Guide to the Application of the Paris Convention for the Protection of Industrial Property as Revised at Stockholm in 1967[M]. WIPO Publication, BIRPI, 1968: 12.

❸ SUZANNE SCOTCHMER. Innovation and Incentive[M]. Cambridge: MIT Press, 2004: 325.

❹ MARGRETH BARRETT. Intellectual Property, 2/e[M]. New York: Aspen Publishers, 2008: 287.

❺ GAIL E. EVANS. Lawmaking under the Trade Constitution: A Study in Legislating by the World Trade Organization[M]. Hauger: Kluwer Law International, 2001: 92.

影按票价 11% 征税，所得并不反馈或分享给版权人，而是补贴法国本国电影。虽然最终没能达成一致，但 TRIPs 仍然确定视听产品可以作为 WTO 争端解决条款的适用对象。❶

1994 年，在经过乌拉圭回合的七年艰苦谈判后，《TRIPs 协议》解决了知识产权规范上国民待遇原则与主张国家主权之间的紧张关系，并且支持扩大自由化和最低保护标准。具体而言，《TRIPs 协议》下的国民待遇原则在两方面做出了突破：首先，它表达了对成员国国民的作为私权的知识产权的青睐，用国籍归属限定享受国民待遇的范围；其次，在国籍判断标准上，《TRIPs 协议》创造性地吸收了已有公约的相关规定，之前《巴黎公约》等公约的成功做法被《TRIPs 协议》直接使用。❷

1996 年 12 月，世界知识产权组织缔结两部条约——《世界知识产权组织版权条约》(WCT) 和《世界知识产权组织表演和录音制品条约》(WPPT)，两者统称《WIPO 因特网条约》。这两个新条约为应对数字技术构成的挑战，特别是针对数字网络上信息传播的需要，再次确认了国民待遇原则，并对《伯尔尼公约》和《罗马公约》提供的版权和邻接权的保护进行了更新和补充规定。

值得注意的是，各公约规定国民待遇原则的措辞不尽相同，如《TRIPs 协议》第 3 条的措辞背离了《巴黎公约》第 2 条、《伯尔尼公约》第 5 条第 1 款及《华盛顿条约》第 5 条所规定的同等对待的要求，即从 1883 年开始所规定的同样保护 (the same protection) 发展为 1994 年时的不低于待遇 (treatment no less favorable)。尽管这些条款的差别有限，然而无论在理论上还是在实践上，不低于待遇明确允许给予非本国国民更优惠的待

---

❶ TERENCE P. STEWART (ed.). The GATT Uruguay Round: A Negotiating History (1986–1994) [M]. Kluwer Law International, 1995: 565.

❷ GAIL E. EVANS. Lawmaking under the Trade Constitution: A Study in Legislating by the World Trade Organization[M]. Hague: Kluwer Law International, 2001: 100.

遇,从而可能导致所谓的反向歧视(reverse discrimination)❶。虽然作为抽象的规则,知识产权法律通常给予所有人同等保护,不给予本国人特权也不使其处于不利地位,但确实存在违背上述情况的例外。❷

二、西方挤压下中国自主创新政策的探索

在中国建立知识产权制度的初期,为满足西方发达国家的保护要求,同时为达到所加入国际公约的最低保护标准,在一些领域出现了"超国民待遇"现象。近年来,伴随着中国企业自身创新能力的增强及相关科研能力的提升,在全球化背景下,我国政策层面越来越多地出现了鼓励自主创新,培育自主知识产权的声音。❸部分知识产权学者呼吁,国家要鼓励国人积极开发并利用自主知识产权的成果。❹

2006 年 2 月,国务院颁布《国家中长期科学和技术发展规划纲要(2006—2020 年)》❺。该纲要在"若干重要政策和措施"一章中特别指出

❶ THOMAS COTTIER, PIERRE VÉRON (eds.). Concise International and European IP Law: TRIPs, Paris Convention, European Enforcement and Transfer of Technology[M]. New York: Kluwer Law International, 2008: 17.

❷ THOMAS COTTIER. The Agreement on Trade-Related Aspects of Intellectual Property Rights[M]// Patrick F. J. Macrory, Arthur E. Appleton & Michael G. Plummer (eds.). The World Trade Organization: Legal, Economic and Political Analysis, Vol. I. New York: Springer Science + Business Media, 2005: 1067.

❸ JUAN HE. The Influence of Globalization on the Principle of National Treatment in Intellectual Property. //Collection of Abstracts from the International Scholastic Conference: Law as a Unifying Factor of Europe—Jurisprudence and Practice[J]. Univerzita Komenského v Bratislave Právnická fakulta, 2010: 130.

❹ 李顺德. 国企在技术创新中要加强知识产权保护[J]. 政策, 2001(4): 45-46. 郑成思. 中国入世与知识产权保护[J]. 法学, 2002(4): 77.

❺ 相关信息来自中国政府门户网站. http://www.gov.cn/jrzg/2006-02/09/content_183787.htm.

国家要"实施促进自主创新的政府采购"❶。2006年12月，科技部、国家发展和改革委员会、财政部联合发布《国家自主创新产品认定管理办法（试行）》❷。此后，国务院又联合各部委陆续发布一系列支持创新的政策❸，地方政府也相继出台相关政策法规❹，加上对自主创新产品在政府采购上的配套优惠措施❺，构成中国政府促进自主创新的一整套政策举措。

上述政策的出台，引起在华外资企业的极大关注，其中以美中贸易全国委员会（USCBC）一年一度对会员企业在华经营年度调查的结果最

❶《纲要》规定：制定《中华人民共和国政府采购法》实施细则，鼓励和保护自主创新；建立政府采购自主创新产品协调机制；对国内企业开发的具有自主知识产权的重要高新技术装备和产品，政府实施首购政策；对企业采购国产高新技术设备提供政策支持；通过政府采购，支持形成技术标准.

❷ 科技部、国家发展和改革委员会、财政部.国家自主创新产品认定管理办法（试行）：国科发计字〔2006〕539. [2006-12-31].

❸ 相关政策还包括：国家测绘局.测绘自主创新产品认定管理办法（试行）. [2009-10-10]；工业和信息化部，科技部，财政部，国务院国有资产监督管理委员会.重大技术装备自主创新指导目录. [2009-12-25]；工业和信息化部，国家发展和改革委员会，财政部.关于深化电信体制改革的通告. [2008-05-24]. 此通告确立了"大力支持自主创新"的配套政策措施。

❹ 北京市科学技术委员会，北京市发展和改革委员会，北京市建设委员会，北京市工业促进局，中关村科技园区管理委员会.北京市自主创新产品认定办法（修订）. [2009-02-11]；上海市科学技术委员会，上海市发展和改革委员会，上海市财政局.上海市自主创新产品认定管理办法（试行）. [2009-03-27]；广州市科学技术局，广州市发展和改革委员会，广州市经济贸易委员会，广州市财政局.广州市自主创新产品认定管理办法. [2009-06-11]；深圳市人民政府.深圳市自主创新产品认定管理办法. [2007-06-13]；江苏省科技厅，财政厅.江苏省自主创新产品认定管理办法（试行）. [2006-10-17].

❺ 财政部.自主创新产品政府采购合同管理办法. [2007-04-03]；财政部.自主创新产品政府首购和订购管理办法. [2007-12-27]；广东省财政厅，科技厅.关于广东省自主创新产品政府采购的若干意见. [2009-06-02].

具代表性。在 2009 年 USCBC 会员企业在华经营年度调查中❶,由于只有极少数外国投资企业生产的产品被列入享受优惠的自主创新产品目录,受访的外资企业超过 80% 对自主创新政策表示担心。而在 2010 年 US-CBC 的会员企业年度调查中❷,对"与中国国内企业(包括国有企业和私有企业)的竞争"的关注,仅次于对"中国政府政策和法规"的关注,位列第二。特别是在政府采购方面,越来越多的外国企业担心政府因鼓励国内自主创新而向国内企业倾斜。尽管有 72% 的会员公司对中国的自主创新政策表示担忧,但多数公司仍表示,现在断言中国的自主创新政策会影响他们的在华经营还言之过早。71% 的受访公司认为,中国的自主创新政策尚未给他们的业务带来实际影响,半数受访公司认为自主创新政策没有影响整体业务环境。❸

---

❶ 调查结果及分析参见:美中贸易全国委员会. USCUB 会员公司最关注事项调查结果, 2009. http://www.uschina.org/ public/documents/2009/12/uscbc_member_survey_chn.pdf.

❷ 调查结果及分析参见:美中贸易全国委员会. 2010 年 USCBC 会员公司最关注事项调查结果, 2010. http://www.uschina.org/ public/documents/2010/12/uscbc_members_survey_chinese.pdf.

❸ 类似的调查结果还出现在《中国美国商会 2011 年商务环境调查报告》中。中国美国商会在 2010 年的商务环境调查中首次涉及关于自主创新政策的问题,2011 年的调查结果与 2010 年类似。超过 25% 的受访企业表示自主创新政策已经对其造成了业务损失,40% 的受访者认为自主创新政策将开始对他们的业务经营造成负面影响。回答预计受自主创新政策影响将使其业务处于不利地位的受访者还被问及会在哪方面处于不利地位,受访者表示主要存在于国有企业采购市场。62% 的受访者对自主创新政策给其在国有企业采购市场中带来的业务影响表示担忧,这一数据比上一年度上涨了 10%。而其他选项的选择率与上一年度相比区别不大。参见: AmCham(The American Chamber of Commerce P. R. China). 2011 China Business Climate Survey Report. 2011. http://www.amchamchina.org /upload/cmsfile/2011/03/22/efb2ab9d3806269fc343f640cb33 baf9.pdf.

但是，由于自主创新政策与政府采购政策密切相关[1]，从而引发了有关外国企业在中国是否享有国民待遇，是否存在利用自主创新政策在政府采购上歧视外国企业的争论[2]。与此同时，时任国务院总理温家宝也在多个正式场合公开表示[3]，"所有在中国投资的外资企业都享受国民待遇，在自主创新、政府采购和知识产权保护上，中国政府将一视同仁，平等对待。"

尽管如此，USCBC针对《政府采购法实施条例（草案）》依然认为[4]，中国政府优先采购国内自主创新产品的做法不是中国实现促进创新与强化创新能力目标的最佳途径，建议中国采用强有力的知识产权保护和非歧视性税收激励政策、研发支持等全球普遍做法，而非采用优先采购特定创新产品的做法。同时，USCBC鼓励中国尽快完成加入WTO《政府采

---

[1] 财政部．自主创新产品政府采购预算管理办法，2007；自主创新产品政府采购评审办法，2007；自主创新产品政府采购合同管理办法，2007．这三个办法从优先安排采购自主创新产品的预算，在评审中对自主创新产品采取不同幅度的价格优惠或加分，以及在履约保证金、付款期限等方面给予自主创新产品供应商适当支持等方面出台了具体的扶持措施。又如，国务院法制办公室．政府采购法实施条例（征求意见稿）：第9条，国务院财政部门应当围绕国家经济和社会发展目标，会同国务院有关部门制定政府采购政策和政府采购产品清单，通过优先或强制采购等措施，支持自主创新产品．[2010-01-11]

[2] DOUG PALMER. US to Press China on Indigenous Innovation[J/OL]. Reuters News , [2011-05-22]. http://www. reuters. com / article / 2010 / 05 / 12 / usa-china-trade-idUSWAT01446320100512；WANG YING. US Firms Mixed on Biz Environment[J/OL]. China Daily , [2010-08-18]. http://www.chinadaily. com.cn/usa/2010-08/18/content_11171376.htm.

[3] 刘刚，张天国．温家宝表示在华外资企业均享受国民待遇[N/OL]，新华网，2010-09-14. http://news.xinhuanet.com/fortune/2010-09/14/c_12549364.htm. 赵承，李靖，邹兰．第四届夏季达沃斯论坛在天津开幕，温家宝出席开幕式并致辞[N/OL]，人民日报（海外版），2010-9-14.

[4] USCBC. US China Trade Policy：Issues and Solutions. Testimony of the US China Business Council to the House Committee on Ways and Means[EB/OL]. [2011-02-09]. http://www.uschina.org/public/ documents/2011/02/china_trade _policy.pdf.

购协议》的进程❶,从而使中国公司受益,同时也使美国企业得以进入中国的政府采购市场❷。

与自主创新密切联系的一个重要概念是自主知识产权。理解自主知识产权首先要明确自主的主体,即由谁自主——通常情况下,这里的"自主"仅指中国权利人的自主。至于将外国权利人排除在自主知识产权的权利主体之外是否违背国民待遇原则,有专家认为,自主知识产权本身只是为了区分权利主体,至于其在某种特定场合下的使用是否违反国民待遇原则,需要结合有关国际公约条款、中国的法律法规和实际情况进行具体分析。❸

至于自主知识产权的具体认定条件,2009年10月科技部、国家发展和改革委员会和财政部发布的《关于开展2009年国家自主创新产品认定

❶ 有关对中国加入WTO《政府采购协议》的分析,参见:PING WANG. China's Accession to the WTO Government Procurement Agreement—Challenges and the Way Forward[J]. Journal of International Economic Law, 2009, 12(3):663-706;ROBERT D. ANDERSON. China's Accession to the WTO Agreement on Government Procurement: Procedural Considerations, Potential Benefits and Challenges, and Implications of the Ongoing Re-negotiation of the Agreement[J]. Public Procurement Law Review, 2008(4):161-174;盛杰民,吴韬. 多边化趋势——WTO《政府采购协议》与我国政府采购立法[J]. 国际贸易,2001(4):46-49;张小瑜. 中国加入WTO《政府采购协议》的机遇与挑战[J]. 对外经贸实务,2009(11):4-8.

❷ USCBC. China's Implementation of Its World Trade Organization Commitments:An Assessment by the US China Business Council[EB/OL]. Testimony of John Frisbie(President of the US China Business Council)of Trade Policy Staff Committee Hearing. [2010-10-06] http://www.uschina.org/public/documents/2010/10/wto_commitments_testimony.pdf.

❸ 张勤. 论自主创新与自主知识产权[J]. 知识产权,2010(6):10.

工作的通知》❶以及 2010 年 4 月在上述三部门发布公告公开征求《关于开展 2010 年国家自主创新产品认定工作的通知（征求意见稿）》❷意见中都做了规定。

对比两份文件中自主知识产权的认定条件，可以发现，2010 年的规定较 2009 年放宽了标准。根据 2010 年的认定条件，只需申请单位在无争议或纠纷的条件下在我国拥有某一项知识产权或其许可使用权，即具备了申请自主知识产权的资格。同样，对于自主品牌也只要求申请单位具有我国的注册商标专用权或使用权；删除 2009 年规定中对"申报单位对知识产权使用、处置、二次开发不受境外他人的限制"的要求，使得在华外资企业不再因受到境外母公司控制的原因失去申请自主知识产权的资格。

尽管做出上述让步，有关自主知识产权的认定标准，以及政府采购政策中所采用的向自主创新产品提供价格以及其他方面的优先考虑是否造成对外资企业的歧视性或不公正对待，依然是当时外资企业讨论的

---

❶ 科技部、国家发展和改革委员会、财政部.关于开展 2009 年国家自主创新产品认定工作的通知，2009 年 10 月 30 日以国科发计〔2009〕618 号发布。该通知附有 2009 年 9 月科技部国家科技评估中心编制的《国家自主创新产品申报说明（2009 年度）》，在"认定条件"部分对《国家自主创新产品认定管理办法（试行）》中的原则性规定进行了细化，规定申请国家自主创新产品认定的单位必须是具有一定研究开发能力的产品生产单位。产品具有自主知识产权是指，申请单位经过其主导的技术创新活动，在我国依法拥有知识产权的所有权，或依法通过受让取得的中国企业、事业单位或公民在我国依法拥有知识产权的所有权或使用权。同时，申报单位对知识产权使用、处置、二次开发不受境外他人的限制。产品具有自主品牌，即申请单位拥有该产品注册商标的所有权。产品销售使用的商标初始注册地应为中国境内，且不受境外相关产品品牌的制约。

❷ 该文件规定：在中国境内具有中国法人资格的产品生产单位，均可自愿申请国家自主创新产品认定。其中对自主知识产权的认定条件包括，申请单位通过技术创新或通过受让，对所研究开发的产品依法在我国享有知识产权或知识产权许可使用权，且无争议或者纠纷。申请单位依法在我国拥有产品的注册商标专用权或使用权。

焦点。❶

　　除此之外,自主创新政策同样面临着外交上的压力。2010年和2011年连续两轮中美战略经济对话都涉及中国创新政策。2010年11月,美国国际贸易委员会正式启动对中国知识产权侵权和自主创新政策的332调查,并于2011年5月,向美国参议院提交了《中国的知识产权侵权和自主创新政策对美国经济影响》的报告❷。报告指出,中国已构建了一个自主创新政策网络,这些政策尚未给予国外竞争者国民待遇,对外商直接投资和向中国出口形成了障碍。

　　对于自主创新政策的最大争议在于自主创新政策与政府采购政策密切相关,从而引发了有关外国企业在中国是否享有国民待遇,是否存在利用自主创新政策在政府采购上歧视外国企业的争论。❸

　　自2011年夏季,自主创新政策发生了巨大的变动。6月和7月财政部、科技部、国家发展和改革委员会先后发布通知,停止执行《国家自主创新产品认定管理办法(试行)》等四部部门规章。❹11月国务院办公厅发布通知,要求停止执行地方各级人民政府和有关部门规范性文件中创

---

❶ 美中贸易全国委员会.关于《开展2010年国家自主创新产品认定工作的通知(征求意见稿)》修改建议书[2010-05-10]. http://www.uschina.org/public/documents/2010/05/uscbc_most_circular_comments_ch.pdf.

❷ United States International Trade Commission. China: Effects of Intellectual Property Infringement and Indigenous Innovation Policies on the U.S. Economy, Investigation No. 332-519, USITC Publication 4226, May 2011.

❸ "美中贸易全国委员会"认为在政府采购规定之外制定产品目录容易造成对企业的歧视性对待,应明确规定任何产品目录或创新产品清单不予政府优先采购,将叙述政府优先采购自主创新产品的文字从所有相关政策中删除。USCBC. The US-China Business Council Comments on Draft Administrative Measures for the Government Procurement of Domestic Products[EB/OL]. [2010-10-06]. https://www.uschina.org/public/documents/2010/06/procurement_domestic_english.pdf.

❹ 另外三部是《自主创新产品政府采购预算管理办法》《自主创新产品政府采购预算评审办法》《自主创新产品政府采购合同管理办法》。

新政策与提供政府采购优惠挂钩中的措施。这一系列变动对于自2006年以来历经5年搭建的自主创新政策框架无疑是釜底抽薪。

上述政策调整的出发点是遵照WTO规则并履行"中国的创新政策与提供政府采购优惠不挂钩"的对外承诺，与此同时也给外资企业反对扶持我国自主创新产品提供了政策上的依据。例如，2012年3月中国欧盟商会对工信部发布的《2012年度党政机关公务用车选用车型目录（征求意见稿）》提出反对，其理由为该目录与财政部之前停止执行的政府优先采购自主创新品牌的政策相悖。❶

三、WTO框架下自主创新政策与国民待遇原则的关系

追本溯源，国民待遇原则引入国际公约是为了达到两个目标：第一，便于国际司法解释；第二，在采用不同保护标准的国家统一法律适用。❷国民待遇原则便于国际司法解释，是因为如果适用国民待遇原则，则在权利人寻求司法保护的国家中，司法决定不取决于权利人的国籍，故而法院判决更加一致和明确，因为相较适用其他国家法律，法院显然能更有效地解释本国法律。另外，很多坚持国民待遇原则的国家相信，国民待遇原则会导致国家间更良好的政治关系并能逐步统一各国的保护水平。之所以持此看法，是因为这些国家相信，一旦保护水平较低国家的权利人在国外获得了更高水平的保护，则必然会对本国政府施加压力以提高本国的保护水平。亦即，国民待遇原则可以提高国家间的保护水

---

❶ 梁冬梅. 公车采购新政冲击[J/OL]. 新世纪周刊，2012（11）. http://magazine.caixin.com/2012-03-16/100369107.html.

❷ US Congress. Office of Technology Assessment. Intellectual Property Rights in an Age of Electronics and Information. OTA-CIT-302. U.S. Government Printing Office，1986：219.

平,并将其统一到一个共同标准。

特别需要指出的是,公约各成员国的国内知识产权立法并不完全相同,国民待遇原则不可避免地会导致各成员国国民所享有的待遇之间存在某种程度的不公平。即便如此,从国际知识产权制度上看,这种不公平仍然要优于由互惠原则带来的司法混乱。●当然,也不排除在某些情况下,公约允许互惠原则作为国民待遇原则的例外。此时,成员国提供给其他成员国国民的保护,只需与后者对其国民提供的保护标准相对等。●也就是说,成员国无须向其他成员国国民提供高于其本国国民在对方国家受到的待遇。在这种情况下,基于利益对等,产生了国民待遇原则适用的例外。

国民待遇原则明确禁止这样的知识产权国家政策,即在某些国家将本国利益最大化,例如对本国创新人给予慷慨的保护,以促进本国创新,却对外国人只给予最低限度的保护,以使得消费者利益最大化,刺激对外国创新的限制和改造。然而,在实践中无法排除间接采用上述策略的存在。●

举例而言,各国可以将本国没有竞争优势的产品作为保护的例外(如部分发展中国家对药品的保护)加以规定。更何况,部分国家充斥了某种产品的仿冒者,因而根本没有打算保护该产品的知识产权。如果假定这种缺乏保护对于国民和非国民是平等的,那么一旦针对性挑选这样的特定产品,成员国对某种特定产品不提供保护就可能导致非常典型的

---

❶ STEPHEN P. LADAS. Patents, Trademarks and Related Rights: National and International Protection[M]. Vol. 1. Harvard University Press, 1975:269.

❷ CATHERINE COLSTON, JONATHAN GALLOWAY. Modern Intellectual Property Law, 3/e. 3nd edition Abingdon: Routledge, 2010:9.

❸ MICHAEL J. TREBILCOCK, ROBERT HOWSE. The Regulation of International Trade, 2/e. New York: Routledge, 1999:314.

对外国人的事实性歧视。❶然而,事实性区别对待非常难以确定,有时甚至并不具备歧视性意图,这需要国家在鼓励创新与鼓励仿冒之间做出利益权衡和选择。

另外,由于知识产权保护受到政府措施(如给予本国国民补贴或关税优惠)的影响,这些措施也可能导致对其他成员国国民的事实性歧视。❷根据《TRIPs 协议》,国民待遇的适用范围限定在知识产权保护方面,"保护"包括的范围是影响知识产权的效力、取得、范围、维持和实施的事项,以及《TRIPs 协议》专门处理的影响知识产权的使用的事项。而上述政府措施(如补贴或税收优惠)不属于涉及知识产权"保护"的范畴,因此不适用国民待遇原则对歧视性行为的规范。换言之,这些事实性或间接的歧视待遇并不违背《TRIPs 协议》的规定。

亦即,给予自主创新产品以优惠政策并不违反知识产权国际公约的国民待遇原则,我国自主创新政策遭受争议的症结不在于《TRIPs 协议》而是《政府采购协议》。

中国已于2007年12月启动WTO《政府采购协议》谈判❸,根据《政府采购协议》第3条规定的"国民待遇和非歧视"义务,要求在协议管辖范围内的政府采购商品、服务和供应商应给予不低于向国内和其他缔约方的货物、服务和供应商提供的待遇;并且采购机构不应因外资所占比例、所有制差别,以及产品或服务的提供地,对设立在本国的外资企业给予差别对待。

❶ WILLIAM LESSER. An Overview of Intellectual Property Systems[G]//. WOLFGANG E. SIE-BECK(ed.). Strengthening Protection of Intellectual Property in Developing Countries: A Survey of the Literature. World Bank, 1990:5-15.

❷ PETER-TOBIAS STOLL, JAN BUSCHE, KATRIN AREND(eds.). WTO—Trade-Related Aspects of Intellectual Property Rights(Max Planck Commentaries on World Trade Law). Martinus Nijhoff Publishers, 2008:153.

❸ 2009年10月、2010年7月和2011年11月,我国政府先后三次向WTO提出并修改加入《政府采购协议》的出价清单。

　　尽管《政府采购协议》在规定"国民待遇和非歧视"义务的同时也承认并给予"发展中国家特殊及差别待遇"❶，要求在实施和执行协议时，要切实考虑到发展中国家在发展、财政及贸易方面的特殊情况，以促进国内产业的建立或发展，包括农村和落实地区的小型企业和家庭企业，以及其他经济部门的发展；扶持完全或主要依赖政府采购的产业机构。但是，实践中会发现这只是对发展中国家做出的一种纸面上的承诺，该条款可能带来的任何利益都有赖于发达国家的谈判态度，并且都要受到严格的条件限制。❷

　　西方国家针对自主创新与政府采购在政策上的关联性向我国施压正是利用了中国加入《政府采购协议》谈判的关键时机。然而，现实是政府采购作为宏观政策性工具，可以实现对本国新兴支柱行业的扶持。国外学者在实证研究后得出的结论是，政府采购订单减少了创新的风险，同时稳定的需求关系、公共产品采购方的技术能力都会对创新产生驱动；❸在较长的时间内，政府采购对创新的刺激效果比直接对科技研发提供补贴更为有效。❹这或许也从另一个侧面说明，正是因为政府采购对鼓励创新的积极作用，导致西方国家对我国颁布的相关政策格外"上心"，多方阻挠。

---

❶《政府采购协议》第5条。

❷ 李波. 如何协调政策性政府采购与加入《政府采购协议》的矛盾[J]. 中国政府采购，2002（11）：27-28.

❸ ROBERT DALPé. Effects of Government Procurement on Industrial Innovation[J]. Technology in Society. 1994，15（1）：65-83.

❹ JAKOB EDLER, LUKE GEORGHIOU. Public Procurement and Innovation——Resurrecting the Demand Side[J]. Research Policy，2007，36（7）2007：949-963.

四、创新与全球化时代的新趋向

亚伯拉罕·林肯有言，"专利制度为天才之火加入了利益之油"❶——以专利为代表的知识产权制度，保证了创新行为的经济收益。同时，一国知识产权制度的运作也会促进国内创新，提高国内企业使用和吸收国外技术的能力。

这是因为，创新能力也是一种使用和模仿的能力。国内创新能力越强，通过应用国际技术储备获得收益的比例也就越高；由于国内企业可以通过发展非侵权的仿制在国际市场占据一席之地，国内进口商的谈判议价杠杆也就随之升高。而如果国内缺乏知识产权保护制度，国内企业就会缺少动力从事外国技术本地化的研发。❷

随着知识产权制度在全球的推广，一些发展中国家在引进和利用国外技术之后，自身的创新能力也在不断提高。有观点认为，如果与西方实验室研发水平相当的工作可以在发展中国家完成，那么继续选择在成本更高的西方完成上述研发的动力就会逐渐丧失。❸这凸显了发展中国家的优化发展战略的重要性。一旦发展中国家的创新能力被释放出来，并得到持久支持，就会削弱目前西方在科研上的优势。

但是，在一定的国家发展阶段，技术能力建设最好是通过给予国外技术持有人优厚条件以获得技术转让，而不是提供强有力的合法权利以

❶ ABRAHAM LINCOLN. Lecture on Discoveries and Inventions (11 February 1859) [G]//. DON E. FEHRENBACHER (ed.). ABRAHAM LINCOLN: Speeches and Writings (1859—1865). Bonne: Library of America, 1989: 11.

❷ DONALD G. MCFETRIDGE. Intellectual Property, Technology Diffusion and Growth in the Canadian Economy; ROBERT D. ANDERSON, NANCY T. GALLINI. Competition Policy and Intellectual Property Rights in the Knowledge-Based Economy[M]. Calgray: University of Calgary Press, 1998: 73.

❸ MICHAEL P. RYAN. Knowledge-Economy Elites, the International Law of Intellectual Property and Trade and Economic Development[J]. Cardozo Journal of International and Comparative Law, Springer. 2002, 10(1): 271.

鼓励本国技术创新。发展中国家需要慎重制定知识产权政策,只有等到经济实力足够强时再给予知识产品以强保护——无论这样的决定是对还是错,历史业已证明,当今发达国家在过去都是如此操作的❶。甚至,一些比较极端的观点——如诺贝尔经济学奖获得者 Joseph Stigliz 就认为,专利往往对刺激创新无能为力,在许多领域,广泛的专利保护甚至可能限制创新,导致技术发展缓慢。❷

从国民待遇原则在国际知识产权保护体系中的发展就可以看出,尽管存在双边或多边的知识产权国际公约,个别国家仍试图采取单方面行动为本国国民在国外争取更高的知识产权保护。

《TRIPs 协议》签订前,美国常利用"301 条款"❸要求别国给予其国民更高的保护以打击盗版行为。根据 301 条款,美国贸易代表(USTP)每年会在其年度报告中公布一批国家名单,这些国家被认为在保护美国出口的知识产权产品上存在重大障碍或歪曲。根据"301 特别行动",美国贸易代表可以采取单方面贸易制裁,包括对其认为违反该条款的国家征收关税和进口税。❹

后 TRIPs 时代,知识产权的拥有者希望有一个全球范围内统一的更强有力的知识产权保护标准。美国和欧盟为全球知识产权制度改革付出了巨大努力,这些努力已经无所不在——不仅涵盖众多事项的双边谈

---

❶ HA-JOON CHANG. Kicking Away the Ladder: Development Strategy in Historical Perspective [M]. Anthem Press, 2002; GRAHAM DUTFIELD, UMA SUTHERSANEN. The Innovation Dilemma: Intellectual Property and The Historical Legacy of Cumulative Creativity[J]. Intellectual Property Quarterly, 2004,8(4):379-421.

❷ JOSEPH STIGLIZ. Innovation: A Better Way than Patents[J]. New Scientist, [2006-09-16], No. 2569:21.

❸ USA. Section 301 of Trade Act of 1974. [1974-12-20]. WTO. Report of the Panel on United States—Section 301 310 of the Trade Act of 1974. WT/DS152/R. [1999-12-22].

❹ MICHAEL A. EPSTEIN. Epstein on Intellectual Property, 5/e[M]. New York: Aspen Publishers, 2008:15.02(c)-15.03(a).

判,对发展中国家施以贸易制裁威胁,还包括知识产权内容的地区贸易协定、多边协定、欧盟范围内的法律一体化以及 WIPO 主持下的有关电子传输复杂版权问题的国际谈判。❶与此同时,美国依然采取一些单边行动以追求超越 TRIPs 要求的保护,也经常因规避 WTO 多边保护框架的行为受到指责。❷

在全球化时代的今天,国民待遇原则作为非歧视原则的一种形式,要求主权国家在适用法律上对外国人的态度平等且开放,对于国家司法自治有着深刻影响。至此,如何在一国的司法自治和独立主权内对国民待遇进行解释❸是实现拓展国内政策空间与履行国际义务间平衡的关键,是建立拥有独立品格特征的知识产权保护制度所必须回答的问题,也是目前中国知识产权立法和司法实践正在努力的方向。

结语：中国自主创新政策的探索

加强自主创新能力建设是转变经济发展方式的根本途径,也是建设创新型国家的重要课题。

在我国,政府采购对创新的促进作用长期被忽视或低估,直到 2006 年我国启动以促进自主创新为导向的政策框架建设,上述局面才得以改观。然而,这一举措却立刻遭到了西方国家以违反国际规则中"国民待

---

❶ KEITH E. MASKUS. Intellectual Property Rights in the Global Economy[M]. The Institute for International Economics, 2000：84.

❷ MICHAEL A. EPSTEIN. Epstein on Intellectual Property, 5/e[M]. New York：Aspen Publishers, 2008：15.02（c）-15.03（a）.

❸ NICOLAS F. DIEBOLD. Non-discrimination in International Trade in Services："Likeness" in WTO/GATS[M]. New York：Cambridge University Press, 2010：17, 20.

遇"原则为由的质疑和指责。尽管有一种观点认为❶,中国政府优先采购国内自主创新产品的做法不是中国实现促进创新与强化创新能力目标的最佳途径。但是,必须承认,鼓励自主创新的相关政策,是中国知识产权保护制度摆脱原有西方保护标准影响的一次尝试,也是实现以知识为基础、以创新为导向的发展战略的必由之路。❷

知识产权与工业文明一样,都不是中国的固有文化,却与后发的中国工业文明历史形影相随。❸对于很多像中国这样的发展中国家而言,知识产权是一种被动移植、外力强加的制度"舶来品";知识产权立法也不是基于自身国情的制度选择,往往是受到外来压力影响的结果。❹回顾中国知识产权保护的发展过程,有两条脉络清晰可辨,其一是深受以美国为首的西方国家的左右;其二是传统意识形态及官僚政治的干预。因此,在夹缝中求生存的中国知识产权法,尽管取得很大进步,仍然不能获得自己独立的品格。❺

对中国自主创新政策的探索进行梳理,可以得出,鼓励自主创新与现行知识产权国际保护体系并不矛盾,而如何在一国司法自治内对国民待遇进行解释,是全球化时代实现拓展国内政策空间与履行国际义务间平衡的关键。

创新本身是一个非常复杂的过程,多种因素交织在一起,涉及知识基础、制度安排、劳动力水平、经济开放程度、对其他国家或地区技术进

---

❶ USCBC. US China Trade Policy: Issues and Solutions. Testimony of the US China Business Council to the House Committee on Ways and Means[EB/OL]. [2011-02-09]. http://www.uschina.org/public/documents/2011/02/china_trade_policy.pdf.

❷ 胡祖六. 知识产权保护和中国经济的未来[J]. 国际经济评论,2002(4):24-28.

❸ 刘春田. 知识产权制度是创造者获取经济独立的权利宪章[J]. 知识产权. 2010(6):22.

❹ 吴汉东. 中国知识产权法制建设的评价与反思. 中国法学,2009(1):51.

❺ 曲三强. 被动立法的百年轮迴——谈中国知识产权保护的发展历程. 中外法学,1999(2):120.

步的整体吸收能力等各个方面。❶开放社会自发的、非计划的秩序是创新的必要条件。对创新而言，需要有财产权、法律框架和投资激励为特征的社会——这并不要求全面开放，而且在成长初期，这些特征并不需要同时具备；此外，虽然经济增长并不依靠全方位的自由，但保持几十年持续高水平增长必须是在一个开放的社会中。❷因此，一个鼓励自主创新的知识产权制度必然根植于开放的社会制度之上。

---

❶ GRAHAM DUTFIELD & UMA SUTHERSANEN. Innovation and Development. UMA SUTHER-SANEN，GRAHAM DUTFIELD & KIT BOEY CHOW（eds.）. Innovation without Patents：Harnessing the Creative Spirit in a Diverse World[M]. Cheltenham，Northampton：Edward Elgar Publishing，2007：8.

❷ ERIC L. JONES. A Long-term Appraisal of Country Risk. ROSS GARNAUT & YIPING HUANG（eds.）. Growth without Miracles：Reading on the Chinese Economy in the Era of Reform[M]. New York：Oxford University Press，2001：83.

第二节　重新认识 WTO 框架下知识产权保护

　　WTO 最初将知识产权纳入其管辖范围时曾面临激烈的争论，经过 30 年的实践，在 WTO 的作用下，贸易与知识产权之间的结合越来越紧密。进入 21 世纪后，《反假冒贸易协议》（ACTA）与《跨太平洋伙伴关系协议》（TPP）的谈判日趋频繁、激烈，对照 WTO 的历史，大有"前度刘郎今又来"的架势。在此背景下，有必要对 WTO 框架下知识产权保护进行深刻反思。研究发现《TRIPs 协议》统一的、高标准的、强制性的保护措施给传统的知识产权国际保护体系带来了巨大的冲击，其自身的优势和缺陷也逐渐呈现。总结《TRIPs 协议》的进退得失，包括对域内立法控制的强化（"进"）、对政治文化多样性的舍弃（"退"）、争端解决机制的影响（"得"）和发展中国家的困局（"失"）。知识产权作为法律全球化中首屈一指的领域，WTO 框架下的知识产权制度，使得知识产权保护与贸易规则紧密结合，贸易成为撬动全球利益的支点，知识产权的力臂长短将决定发达国家与发展中国家间的力量对比。贸易与知识产权注定将是全球化博弈中取胜的关键，发达国家已经占得国际规则体系制定的先机，未来中国应当在全球经济治理和国际重大谈判中发挥更积极和更富建设性的作用。

一、知识产权是否纳入 WTO 之争

　　WTO 将知识产权纳入其管辖范围曾面临激烈的争论：为什么在世界知识产权组织之外讨论知识产权？《TRIPs 协议》与国际贸易法体系之间

如何协调？尽管争论继续，乌拉圭回合结束后，经过近30年的实践，WTO争端解决机制已发展成为当今世界解决国际争端最繁忙的国际体系；贸易与知识产权之间的结合越来越紧密。

1947年签署的《关税与贸易总协定》（GATT）仅限于规范货品贸易。考虑到国家利益（包括政治和文化因素），GATT将知识产权作为适用货物贸易规则的例外。1986年9月乌拉圭回合谈判启动，在讨论是否将知识产权纳入世界贸易体制管辖时，从一开始，发达国家和发展中国家就显示出了鲜明的对立态度。GATT成员中的发展中国家坚持认为，WIPO是进行知识产权谈判的最佳场所，而GATT只是一个纯粹的贸易协议。例如在1987年的乌拉圭回合谈判之初，巴西代表认为，新的知识产权协议应建立在WIPO框架下，同时在讨论新协议之前，有必要充分考虑现有国际条约是否已经满足了知识产权保护的需要；[1]而美国代表则建议为了有效打击侵权产品，需要将知识产权执法，包括边境措施、国内执法等都纳入GATT，同时将相关的知识产权执行情况纳入已经被广为认可的GATT的国际争端解决机制管辖。[2]日本代表团也提出，与贸易有关的知识产权的保护需要改进，并将此交由GATT进行处理[3]。

1994年谈判最后达成《TRIPs协议》，构成WTO协定的一部分。之所以被冠之"与贸易有关（trade-related）"并非是对协议所规范客体的限定，更多是由于乌拉圭回合谈判的历史导致。这是因为在乌拉圭回合谈判的初期，参加谈判的很多国家都认为GATT只在贸易领域有管辖权，反对将知识产权纳入GATT。作为一种妥协，谈判的主题被确定为与贸易有关的知识产权。谈判中，个别国家（如巴西）仍然反对就知识产权的实质性问题进行谈判，并一直坚持只有对贸易有影响的问题才应该讨论。但是，随着谈判的进展，与会者最终一致同意所有知识产权问题包括保护

---

[1] Multilateral Trade Negotiations，The Uruguay Round，MTN.GNG/NG11/4：1-2[1987-02-17].

[2] Multilateral Trade Negotiations，The Uruguay Round，MTN.GNG/NG11/4：1-2.

[3] Multilateral Trade Negotiations，The Uruguay Round，MTN.GNG/NG11/5：2[1987-12-14].

标准都可以协商。在此过程中,知识产权与贸易的联结点不再被提及,只是协议本身还保留了最初确定的名称。❶这意味着《TRIPs协议》并不涉及贸易,而完全针对知识产权保护,与贸易有关的知识产权并不能真正限定协议所规范的客体。

1.《TRIPs协议》与国际贸易法体系

作为WTO系列协定的一部分,知识产权被纳入到贸易法的管辖范围之内,由此,不可避免地引发了一些根本性问题。❷首先,这里说的"贸易"是什么? 除了物理物质的交易,贸易法是否规范无形的知识产权的交易? 即除了音像光盘的交易外,iTune上的下载是否也纳入国际贸易法规范? 其次,国际贸易法的目标是什么? 是推进自由贸易还是公平贸易? 这两个问题都涉及WTO框架下的知识产权保护。

前一个问题,由于《TRIPs协议》实质上是知识产权协议,并不考虑贸易因素,因此无形的知识产权交易包括跨国交易都属于《TRIPs协议》的管辖范围。第二个问题,涉及国际贸易法的目标如何定位,是仅消除国际贸易壁垒,还是要同时消除国际贸易中扭曲的、不公平的规则,这个问题就远超出《TRIPs协议》所能回答的范围。

《TRIPs协议》的签署意味着知识产权正式纳入WTO框架,这在事实上起到了强化知识产权国际保护的作用。此后,就可以利用贸易制裁措施来强制实施知识产权保护,强迫收取知识产权许可费。

对于具有研发优势、掌握大量知识产权产品的国家而言,知识产权问题在WTO中具有合理位置。这些国家将统一的知识产权保护措施视为企业进行研发投入、建立跨国生产网络和进入他国销售的必要条件,这样企业就不必担心自己的产品在销售国遭受来自侵权者的恶性竞争。

---

❶ BHAGIRATH LAL DAS. The World Trade Organization: A Guide to the New Framework for International Trade[M]. New York: Zed Books & Third World Network, 1999: 355-356.

❷ ANTONY TAUBMAN. A Practical Guide to Working with TRIPs[M]. Oxford: Oxford University Press, 2011: 69.

对他们而言，知识产权保护不过是全球市场上国内规制措施的一种延伸❶。然而，对于贫穷国家而言，这样的规则带来了不必要的伤害。因此，有学者坚持认为知识产权规则不应该包括在WTO中❷，认为《TRIPs协议》不属于WTO❸。理由就是《TRIPs协议》为富国向穷国征收知识产权费用提供了便利，通过将知识产权纳入WTO框架，就可以通过贸易制裁来保证穷国对富国的支付，本质上使得知识产权许可费的征收通过WTO合法化。

在这个意义上，将知识产权纳入WTO框架、利用贸易制裁措施确保或提高他国的知识产权保护水平的做法与因人权问题导致的贸易制裁非常类似，都是借助贸易措施来推行非贸易的目的。而利用贸易措施来执行人权标准是WTO最具争议的问题之一。就所针对的国家而言，除了法律规范符合WTO规定外，从经济和政治的角度看，很难确定这些措施究竟是提高还是伤害了当地的人权状况❹。因此，在人权问题领域，要想有效消除因贸易导致对人权的负面影响，需要加强WTO与联合国人权机构的合作。

2. 知识产权国际保护中的WTO与WIPO

WTO框架下的知识产权保护同样面临与已有国际组织之间分工协作的问题。《TRIPs协议》所确认权利的大部分已都规定在WIPO所管理的公约中，只是由于发达国家对这些公约实施情况不满而将其置于WTO的

---

❶ [美]约翰·H.巴顿，等. 贸易体制的演进：GATT与WTO体制中的政治学、法学和经济学[M]. 廖诗评，译. 北京：北京大学出版社，2013：148-149.

❷ JAGDISH N. BHAGWATI. In Defense of Globalization[M]. New York：Oxford University Press，2004：185.

❸ JAGDISH N. BHAGWATI. Afterword: The Question of Linkage[J]. The American Journal of International Law，2002，96(1)：127.

❹ GUDRUN MONIKA ZAGEL. WTO and Human Rights: Examining Linkages and Suggesting Convergence[J]. in 2/2 International Law Organization IDLO Voices of Development Jurists Paper Series，2005.

管辖范围。

为协调在知识产权国际保护领域可能出现的 WIPO 和 WTO 两足鼎立的局面，《TRIPs 协议》的序言中即提出"希望在 WTO 和 WIPO 以及其他有关国际组织之间建立相互支持的关系"。1994 年 WIPO 第 15 届成员国大会表示希望 WIPO 国际局和 WTO 之间建立一种相互支持的关系，同时规定[1]：国际局应依据成员国的正式申请，就该国现行或拟实施的国内知识产权法与 WIPO 所管理的条约，以及与其他国际条约和立法趋势，包括与《TRIPs 协议》之间的协调提出咨询意见；此外，国际局应就《TRIPs 协议》对 WIPO 所管理的条约造成的冲击做出研究。

为促进协议内容有效实施，《TRIPs 协议》中对技术合作（technical cooperation）做出了专门规定[2]，要求发达国家应帮助发展中国家和最不发达国家缔约方进行国内知识产权立法，还应帮助其建立或健全相关国内机构和部门，以及进行人员的培训。在《TRIPs 协议》生效实施后，WIPO 和 WTO 制定了一系列政策，旨在加强两组织之间在知识产权领域的协调与合作，其重点是帮助发展中国家在实施《TRIPs 协议》过程中进行相关的法律和政策改革，协助机构能力建设，为发展中国家提供所需的技术援助和项目合作[3]。

此外，WTO 也与联合国贸易与发展会议（简称"贸发会议"）展开合作，在过去 10 年里，WTO 与世界卫生组织（WHO）就医疗卫生领域的知识产权问题开展了密切合作，同时 WTO、WIPO 和 WHO 共同参与三边技术

[1] WIPO document WO/GA/XV/3, paragraph 74.3, in Cooperation with The World Trade Organization, WO/GA/24/5[1999-08-04].

[2]《TRIPs 协议》第 67 条：为了促进本协议的实施，根据请求或依照双方一致同意的条件，发达国家应提供有益于发展中国家和最不发达国家缔约方的技术和金融合作。这样的合作应包括帮助进行国内的有关保护和实施知识产权以及防止对知识产权的滥用的立法，还应包括帮助建立或健全与此有关的国内机构和部门，以及人员的培训。

[3] WIPO's Legal and Technical Assistance to Developing Countries for the Implementation of the TRIPs Agreement from January 1, 1996 to December 31, 2000.

合作，为相关领域的知识产权立法和政策提供实践数据和实证经验。❶

目前，WTO与WIPO在知识产权国际保护体系中占据主导地位❷，两者之间也展开了多方位的合作，但是两者依然存在根本区别。WIPO作为联合国下属机构，其宗旨是通过国家之间的合作并在适当情况下与其他国际组织配合，促进世界范围内的知识产权保护。❸WTO是国际经济组织，也是多边贸易体制的法律基础和组织基础，因其成员间的贸易额占世界贸易额的绝大多数，被称为"经济联合国"。因此，WTO框架下对知识产权的保护，旨在减少国际贸易中的扭曲和阻碍因素，同时确保实施知识产权的措施和程序本身不会成为合法贸易的障碍❹。

乌拉圭回合大大拓展了WTO的监管领域，有意识地涵盖了其他一些国际组织一直活跃的领域，其在知识产权领域的扩张最引人注目，并被认为是一种政治趋势转变的信号，即WTO开始涉足以往由其他国际组织负责的领域❺。除了对WIPO所管理的知识产权领域的介入，WTO的成立也导致贸发会议地位的急速下降。在1970年至1980年间，贸发会议曾经是世界贸易政策的主导，旨在于全球经济关系中重构国家间合作，构建一个有利于发展中国家的新世界经济秩序（new world economic order）。

---

❶ Implementing the WTO TRIPs Agreement through Partnership & Technical Cooperation. [EB/OL]. http://www.wto.org/english/tratop_e/trips_e/ta_docs_e/trips_tech_coop_e.pdf.

❷ 截至2015年1月8日WIPO有188个缔约国[EB/OL]. http://www.wipo.int/treaties/en/ShowResults.jsp?country_id=ALL&start_year=ANY&end_year=ANY&search_what=C&treaty_id=1；截至2015年4月26日WTO有161个缔约方[EB/OL]. http://www.wto.org/english/thewto_e/thewto_e.htm.

❸ 参见《建立世界知识产权组织公约》第3条。

❹ 参见《TRIPs协议》序言。

❺ PETER-TOBIAS STOLL and FRANK SCHORKOPF. WTO：World Economic Order，World Trade Law. Leiden：Martinus Nijhoff Publishers，2006：25.

二、《TRIPs 协议》的进退得失

无论将知识产权纳入 WTO 进行保护的争论如何进行,近 30 年的实践已经证明《TRIPs 协议》统一的、高标准的、强制性的保护措施给传统的知识产权国际保护体系带来了一定的冲击,其自身的优势和缺陷也逐渐呈现。

1. 进:对域内立法的控制

传统上,知识产权立法属于国内事务,在没有外来干涉的情况下,国家以更好地促进知识产品在本国的生产和传播为目标,独立地进行知识产权立法的价值判断和制度取舍。随着 WTO 的建立,各国政府对本国知识产权法律制定和实施的控制已大为减少。

《TRIPs 协议》主要通过在特定事项上创造最低法律标准来控制域内法[1]。例如,《TRIPs 协议》参照 WIPO 所管理的现有国际公约,为域内法规定了诸多实体和程序的最低保护标准。WIPO 对知识产权的很多保障措施已被 WTO 成员的域内法及其法庭吸收并直接适用。[2]此外,在涉及知识产权的取得、维持和执法等事项上,《TRIPs 协议》为国内法引入了大量的程序性规定。

尽管《TRIPs 协议》第 1 条明确指出,"各成员方应在各自的法律体系及惯例范围内自由确定实施协议各条款的适当方法",但事实上,《TRIPs 协议》在程序上的很多规定都是无条件的义务,详细且严格的程序性规

---

[1] RAYMOND T. NIMMER, PATRICIA ANN KRAUTHAUS. Globalisation of Law in Intellectual Property and Related Commercial Contexts//CHRISTOPHER ARUP (ed.). Science, Law & Society: A Special Issue of Law in Context[M]. Melbourne: La Trobe University Press, 1992:80.

[2] ERNST-ULRICH PETERSMANN. From Negative to Positive Integration in the WTO: The TRIPs Agreement and the WTO Constitution//THOMAS COTTIER, PETROS C. MAVROIDIS (eds.). Intellectual Property: Trade, Competition and Sustainable Development[M]. Ann Arbor: The University of Michigan Press, 2003:24–27.

定在一定程度上同样构成了对域内立法和执法的控制。例如，在民事程序中规定：被告应有权获得及时的内容完整的书面通知；应允许案件相关方由独立的法律辩护人充当其代表；应对涉案的保密性资料的识别和保护规定一套方法等。❶在刑事程序中规定：成员方应规定刑事程序和惩罚措施以对付假冒商标和盗版案件，且要求所采取的监禁、罚款、扣押、销毁和没收等措施的处罚水平应足以构成威慑。❷《TRIPs协议》还规定TRIPs理事会定期对国内实施法律法规的情况进行审查，过渡期满两年后进行审查，此后每隔两年审查一次。❸

与知识产权有关的贸易议题主要涉及平行进口和不当竞争。具体而言，平行进口会导致货物在国内市场和第三国市场降低价格；侵权行为会使侵权产品售价降低，由此削减权利人的市场份额。而《TRIPs协议》中所涉及的知识产权的权利范围、保护期等在本质上都属于国内法管辖事项，是否给予权利以及保护期长短与该权利所附着的货物是否跨越边境并无直接关系。❹

2. 退：对政治文化多样性的舍弃

《TRIPs协议》诞生后，通过最低保护标准以及严格细致的程序性规定对域内法进行控制。这完全突破了传统的WIPO所管理的知识产权公约的运作模式。

知识产权公约的历史模式并不倾向于控制域内法，其所规定的国民待遇原则仅仅是要求保证外国人获得与本国人相当的待遇。例如19世纪的《巴黎公约》和《伯尔尼公约》都仅规定有限的实质性条款，允许成员根据其自身利益决定法律和政策。这两个公约都承认并保留成员国之

---

❶ 参见《TRIPs协议》第42条。

❷ 参见《TRIPs协议》第61条。

❸ 参见《TRIPs协议》第71条。

❹ 约翰·H.巴顿，等. 贸易体制的演进：GATT与WTO体制中的政治学、法学和经济学[M]. 廖诗评，译. 北京：北京大学出版社，2013：147.

间在社会和文化上的差异空间。❶考虑到国家利益,包括政治和文化因素,GATT也曾将知识产权作为适用货物贸易规则的例外。同时,欧洲经济一体化的历史经验业已表明,即使在各国法律统一化的背景下,各国自身的政治文化多样性也必须得到充分考虑和尊重。

之所以出现上述变化,根本原因在于WTO的关注对象是贸易,因此《TRIPs协议》更倾向于将知识产权当成一种商品。《TRIPs协议》的很多条款没有将知识产权作为教育和未来科技发展的基石,或者作为社会福祉来看待,使知识产权丧失了应有的文化价值。❷

任何国际公约义务被国内法消化吸收的过程,都需要也必须充分考虑不同国家在法律表达上因社会、文化和传统不同导致的差异,简单地映射国际公约条款极有可能导致具体规则上的水土不服。在知识产权保护的实践中充满了这种实例。在中国,盗版电影是一个非常典型的案例。政府严密监视影院,对市场充满焦虑,这样就不可能存在纯商业电影。这种来自政府的束缚及对意识形态的控制与观众对多样化娱乐渴求之间的差距,直接导致并推动了好莱坞电影在中国的盗版。❸因此,从根本上解决电影盗版问题绝不是单纯依靠打击制作和贩卖盗版光碟可以解决的,更多地还将有赖于政府减少对电影创作的干预以及文化产品市场的改革。

《TRIPs协议》将经济影响作为主要的决定因素,其中繁复的强制性规范背离了知识产权国际保护的历史,代表了某种激进的保护模式,给

---

❶ GAIL E. EVANS. Lawmaking under the Trade Constitution: A Study in Legislating by the World Trade Organization[M]. Hague: Kluwer Law International, 2001: 105.

❷ GRAEME B. DINWOODIE, ROCHELLE C. DREFUSS. Enhancing Global Innovation Policy: The Role of WIPO and Its Conventions in Interpreting the TRIPs Agreement//CARLOS MARIA CORREA (ed.). Research Handbook on the Protection of Intellectual Property under WTO Rules[M]. Cheltenham: Edward Elgar Publishing, 2010: 115.

❸ LAIKWAN PANG. Cultural Control and Globalization in Asia: Copyright, Piracy, and Cinema [M]. Abingdon: Routledge, 2006: 98–117.

成员的法律带来了不必要的负担。因此，有学者建议❶对《TRIPs 协议》进行改革，修订或删除其中的执法程序，除适当的例外，仅仅要求在知识产权保护上的国家间的实质性互惠，并认为这种改革其实是一种回归，是回到历史长河中知识产权发展在国际舞台上应有的位置。

3．得：争端解决机制的影响

《TRIPs 协议》与 WIPO 管理的知识产权国际公约（如《巴黎公约》和《伯尔尼公约》）的最大区别是，WTO 成员的具体实践可以在 WTO 争端解决小组进行检验裁决。❷由于《TRIPs 协议》的引用式纳入，诸多知识产权公约已被纳入 WTO 争端解决机制之内，这导致各国国内自主权在一定程度上的缩减。❸

有研究证明，一些国家对知识产权采取弱保护的原因，并不是通常所认为的模仿比创新更具吸引力，而是由于保护知识产权时间上的不一致性。❹尽管政府希望通过加强保护来推动创新，但是只有在创新完成后才会采取保护措施；而在当前，政府希望在那些本国创新不成功的产品上削弱保护，以使得利润最大化。市场经营者都是理性的，他们会基

---

❶ HOWARD C. ANAWALT. Intellectual Property Scope：International Intellectual Property，Progress，and the Rule of Law[M]//OVE GRANSTRAND（ed.）. Economics，Law and Intellectual Property：Seeking Strategies for Research and Teaching in a Developing Field[M]. Dordrecht：Kluwer Academic Publishers，2003：74-75.

❷ DANIEL J. GERVAIS. The TRIPs Agreement and the Doha Round：History and Impact on Economic Development[M]. PETER K. YU（ed.）. Intellectual Property and Information Wealth：Issues and Practices in the Digital Age. Westport：Praeger，2007：31.

❸ ARMIN VON BOGDANDY. Law and Politics in the WTO—Strategies to Cope with a Deficient Relationship[A]//JOCHEN A. FROWEIN，RÜDIGER WOLFRUM，CHRISTIANE E. PHILIPP（eds.）. Max Planck Yearbook of United Nations Law，Vol. 5（2001）. Leiden：Kluwer Law International，2001：622.

❹ STEFANIA SCANDIZZO. Intellectual Property Rights and International R&D Competition（IMF Working Paper）. International Monetary Fund，01 June 2001，WP/01/81.

于上述预期做出投资决定,低保护水平进而导致缺乏本土创新和相对很低的利润,同样造成贸易伙伴的低利润。通过参与一个超国家的国际组织,如WTO,可以迫使一国政府承诺强有力的保障。在一个超国家承诺的系统中,单边制裁可能是一种针对贸易伙伴的有效执法措施。尽管如此,单边制裁常常被证明是相当昂贵的,而且由于其可能导致对双方都不利的贸易战,因此国际社会通常不允许单边制裁。争端解决机制的引入避免了单边贸易制裁和由此导致的贸易报复。因此,WTO成员依靠争端解决程序来保护知识产权,反映出从GATT到WTO的根本性转变。

WTO争端解决机制已经成为当今世界历史上解决国际争端最繁忙的国际体系。截至目前已经接收了467起争议。❶目前涉及知识产权的案例,依据具体领域包括:版权及邻接权(10起)、地理标志(4起)、工业设计(4起)、音乐酒吧(1起)、美国《综合拨款法》第211节(1起)、专利(11起)、医药(2起)、美国《1930年关税法》第337节(1起)、录音制品(2起)、商标(9起)以及未公开信息(1起)。其中中国作为涉案方的案例是2007年4月10日由美国提起的有关"影响知识产权保护和执法"争议,该案于2009年3月20日由WTO争端解决机构通过专家组报告并已经结案。

4. 失:发展中国家的困局

国民待遇原则是《TRIPs协议》的根本原则,要求各缔约国在知识产权保护上互相给予对方国民与本国国民同等的或不低于的对待。表面上,国民待遇原则非常公平;然而,实践中,发达国家、发展中国家利用知识产权制度的能力存在天壤之别。好比奥林匹克选手和残疾人同时参加的一场百米竞技,虽被告知均有斩获金牌的可能❷,但结局如何却不言而喻。

美国积极推动,欧共体及日本支持《TRIPs协议》的最重要原因,是认

---

❶ [EB/OL]. http://www.wto.org/english/tratop_e/dispu_e/dispu_current_status_e.htm.

❷ IKECHI MGBEOJI. Global Biopiracy: Patents, Plants and Indigenous Knowledge[M]. Vancouver: UBC Press, 2006:223.

为这将给自己的国民带来收益。而对于大多数发展中国家而言，直到协议签订时，都几乎不了解协议的具体条款及其可能导致的影响❶，可以说遵守《TRIPs 协议》是发展中国家在加入 WTO 谈判中对发达国家的最大让步❷。

现实情况是，在有些国家《TRIPs 协议》并没有从根本上杜绝盗版和仿冒。因为如果一个国家对其本国国民都不提供完善的知识产权保护，那么外国权利人自然也就无法从中收获更多。例如，一国可以排除提供广泛的知识产权保护或者仅在该国占据技术领先优势的产业进行较强的知识产权保护；此外，一国还可以通过要求所有知识产权在该国授权后在很短的一段时间内必须实际运用，以此间接阻止公平待遇。❸

印度在医药领域提供专利保护实践就是最典型的实例。❹作为加入WTO 的条件，印度从 2005 年起开始承认产品专利，此前印度只承认方法专利，允许印度制药公司对畅销药品进行分子反向工程，以生产低价的仿制药供应国内市场并出口到俄罗斯、中国、巴西和非洲国家，印度制药公司在生产仿制药的过程中积累了大量经验和技术。2005 年印度修订《专利法》，承认药品、农业化学品和食品专利并开始处理相关申请，这使

---

❶ CAROLYN DEERE-BIRKBECK. Developing Countries in the Global IP System Before TRIPs : The Polictical Context for The TRIPs Negotiations[G]//CARLOS MARIA CORREA (ed.). Research Handbook on the Protection of Intellectual Property under WTO Rules : 46.

❷ TERENCE P. STEWART (ed.). The GATT Uruguay Round : A Negotiating History (1986-1994) Volume IV : The End Game (Part I) , Hague[M]. Kluwer Law International , 1999 : 574.

❸ ROVERT C. BIRD. The Impact of Coercion on Protecting US Intellectual Property Rights in The BRIC Econmomies[M]//SUBHASH C. JAIN (ed.) , Emerging Economies and the Transformation of International Business : Brazil , Russia , India and China (BRICs) [M]. Cheltenham : Edward Elgar Publishing , 2006 : 432-433.

❹ RAVI SARATHY. Strategic Evolution and Partnering in the India Pharmaceutical Industry. SUBHASH C. JAIN (ed.). Emerging Economies and the Transformation of International Business : Brazil , Russia , India and China (BRICs) [M]. Cheltenham , Northampton : Edward Elgar Publishing , 2006 : 229.

得印度药品企业重新思考产品开发政策,并开始加大研发投入。同时,《专利法》的修订也使得制药和生物技术跨国公司开始考虑是否应该在印度市场加大研发投入或者增加承包研发、承包制造和其他市场营销行为。由此带来的结果是,截至 2005 年 9 月,印度收到 1312 件专利申请,仅次于美国,位居世界第二位,同期美国收到的专利申请量为 2111 件。❶

《TRIPs 协议》在一定限度内允许各国根据本国的经济与社会发展水平灵活处理,制定与之相应的国内立法。可以弹性处理的事项包括平行进口、权利用尽的规定;有关植物、动物及自然界物质的专利性;独占权的例外,例如专利法中的试验、著作权法中的合理使用和私人使用;专利法中的强制许可;反向工程等。在上述领域,国内立法可以采用多种形式以促进竞争和保持在技术持有人与使用者之间的利益平衡。为了有效利用《TRIPs 协议》留下的机动余地,以避免或减少最终的负面影响,发展中国家需要一定的时间,更急需专业人才和政治决心以符合自身情况和需要的方式来实施协议。❷

三、全球化时代的贸易与知识产权

世界在变平,分散在世界各地的知识中心正在被整合到单一的全球网络中。❸时至今日,我们所接触到的任何一件商品,都可能经历了类似的环球之旅。❹知识产品通过国际贸易在世界范围内流动,并且随着全

---

❶ 需要注意的是,在此期间印度接收的专利申请主要是针对已经存在的分子结构,这是为了印度在新的专利法制度下获得药品专利保护而急于提出的。

❷ CARLOS M. CORREA. Intellectual Property Rights, the WTO and Developing Countries: The TRIPs Agreement and Policy Options[M]. London: Zed Books, 2000: 21.

❸ 托马斯·弗里德曼. 世界是平的[M]. 何帆,肖莹莹,郝正非,译. 长沙: 湖南科学技术出版社, 2006: 7.

❹ 曾航. 一只 iPhone 的全球之旅[M]. 南京: 凤凰出版社, 2011.

球化的渗透，其流动的数量和速度常常超出想象。

对于自由贸易的未来发展，巴格瓦蒂（Bhagwati）教授提出了一个有趣的自行车理论（bicycle theory），他指出对自由贸易的努力就好像骑在自行车上，只能不停蹬踏，否则就会摔倒；只有不断推进，否则就会倾覆失败。❶

曾担任WTO上诉机构两任主席的詹姆斯·巴克斯（James Bacchus）先生，针对WTO对自由贸易的推动，进一步指出：如今，这辆自行车不是为了一个人、两个人或者仅仅某一些人而制造。而是一辆为所有WTO成员而制造的自行车，它服务于50亿人，涵盖了约95%的世界经济。所有的WTO成员必须通过协商一致的方式继续骑着自行车向自由贸易方向前进。❷对于WTO的未来，作为曾经担任美国总统执行办公室美国贸易代表特别助理的美国人，巴克斯先生表达了美国的强势立场。他指出，作为世界上最大的贸易国，美国必须帮助WTO的其他成员一起努力骑着自行车朝正确的方向前进。无论还有多少国家可能加入进来，美国必须自始至终地成为那个在自行车上牢牢把着车龙头的国家。巴克斯先生的态度充分显示出美国试图主导WTO运作的"雄心"。❸

事实上，知识产权纳入WTO本身就代表了工业化国家和最活跃的产业游说者的重大胜利。《TRIPs协议》所反映知识产权保护的标准是适合于工业化国家目前发展水平的保护标准。❹然而，发达国家的步伐远没有停止，由于同发达国家签署自由贸易协定，或因希望加入WTO，或因各种双边谈判的压力，一些发展中国家引入了比《TRIPs协议》还要严格的知识产权保护法则，一些超TRIPs或TRIPs-Plus条款使得更多的药物在

❶ JAGDISH N. BHAGWATI. Protectionism[M]. Cambridge：The MIT Press，1988：41.

❷ 詹姆斯·巴克斯. 贸易与自由[M]. 上海：上海人民出版社，2013：242.

❸ 詹姆斯·巴克斯. 贸易与自由[M]. 上海：上海人民出版社，2013：242.

❹ CARLOS MARIA CORREA. Intellectual Property Rights，the WTO and Developing Countries：The TRIPs Agreement and Policy Options[M]. London：Zed Books，2000：21.

发展中国家被授予专利,有可能限制甚至阻止平行进口。❶又如,作为欧盟成员国在知识产权执法方面的法律法规,欧盟《知识产权执法指令》(2004/48/EC)❷基本遵守《TRIPs 协议》第三部分关于知识产权执法的相关规定,但由于欧盟力图加大对知识产权的保护和执法以维护自身的经济利益,该指令也包括一些超 TRIPs 条款。❸

　　显然,仅仅是在部分国家实现超 TRIPs 保护,并没有实现巴克斯先生所说的美国必须自始至终把持着自由贸易的龙头。2006 年由日本和美国提起 ACTA 谈判,2011 年 10 月 1 日澳大利亚、加拿大、日本、韩国、摩洛哥、新西兰、新加坡和美国等 8 国签署了这份有史以来最高标准的多边知识产权执法协议,欧盟、墨西哥和瑞士的代表出席签约仪式,并确认其将努力尽快签署该协议。❹在 ACTA 的序言中即指出要在知识产权执法方面对《TRIPs 协议》进行补充,其具体规定在民事执法、边境措施、刑事执法等方面都超出了《TRIPs 协议》的内容,明显倾向于保护权利人的利益,甚至在欧洲多地引发了有关该协议限制人权和网络自由的抗议。❺

---

　　❶ 萨妮亚·雷德·司密斯. 超 TRIPs 条款及其对药物可及性的影响[N]. 中国知识产权报, 2007-12-5(9).

　　❷ Directive 2004/48/EC of the European Parliament and of the Council of 29 April 2004 on the Enforcement of Intellectual Property Rights(also known as "IPR Enforcement Directive"or"IPRED").

　　❸ 具体而言,关于知识产权范围的规定,《知识产权执法指令》包括《TRIPs 协议》没有涉及的实用新型权和数据库制作者权;关于获得信息权,《TRIPs 协议》仅规定对侵权人身份及其销售渠道提供信息,侵权人并无义务提供其他相关信息,而根据《知识产权执法指令》,欧盟成员国应保证权威机关可责令侵权人和(或)其他人有对法院提供侵权货品或服务来源和销售信息的义务;关于知识产权侵权案件中的临时措施,该指令规定成员国可冻结嫌疑人的银行账号和其他财产;同时该指令要求侵权者收回其投放在市场上的货物,召回、转移或销毁侵权产品的费用由侵权者承担,对此,《TRIPs 协议》并未做出规定。参见 Directive 2004/48/EC(IPR Enforcement Directive)第 8(1)、9(2)、10 条。

　　❹ 参见美国贸易代表办公室网站 ACTA 专题 http://www.ustr.gov/acta.

　　❺ 丹麦万人游行反对 ACTA[EB/OL]. http://www.mofcom.gov.cn/ aarticle/i/jyjl/m/201203/20120307994365.html.

几乎与此同时，2008年，美国参与TPP谈判。截至目前，TPP已有12个成员国，分别是文莱、智利、新加坡、新西兰、美国、澳大利亚、秘鲁、越南、马来西亚、墨西哥、加拿大和日本。除了贸易和投资领域，TPP谈判议题还涉及知识产权、农业、劳工、环境、政府采购，等等。TPP谈判采取闭门磋商的方式进行，谈判结束前不对外公布技术文本；同时TPP将打破传统自由贸易协定（FTA）模式，达成无例外的综合性自由贸易协议。❶可以说，TPP未来将全面拓展甚至打破现有WTO的框架，在亚太区域构建新的贸易规范体系。

结语：中国在未来知识产权国际规则制定中的角色

进入21世纪之后，《反假冒贸易协议》与《跨太平洋伙伴关系协议》的谈判日趋频繁、激烈。显然，以美国为主的发达国家已不再满足于WTO所提供的保护。在知识产权领域，除了追求超TRIPs待遇，发达国家试图通过建立新的多边贸易协定进一步在全球范围内提高知识产权保护标准，控制各国相关领域的域内立法，进而在全球市场上实现其双重收益，即一方面通过自由贸易以降低劳动力密集型产品的价格，另一方面通过加强知识产权保护以提高知识密集型产品的价格。

长期以来，全世界政治家及其委托人清楚地知道贸易对于世界的重要性，这一点正在为更多的人所了解。贸易和贸易法越来越多地与同样重要的其他许多事项联系交叉。❷可以说，WTO打开了一个"潘多拉魔盒"，如果可以把知识产权纳入国际贸易法的框架下讨论，那其他问题是不是也都可以纳入？关注人权保护的人士可能就会询问，为什么WTO对

---

❶ 参见美国贸易代表办公室网站TPP专题 http://www.ustr.gov/tpp.

❷ 詹姆斯·巴克斯. 贸易与自由[M]. 黄鹏，译. 上海：上海人民出版社，2013：335.

知识产权的保护不能附加上对劳工权和人权的保护？❶如果减少国际贸易中的扭曲和阻碍因素成为知识产权保护追求的目标，那么知识产权自身的社会价值和文化属性是不是也能够在贸易法体系内得到解决？

当我们仍在努力学习并适应WTO规则之际，美国已经开始积极主导并推动以TPP为代表的新一轮国际贸易规则的谈判，更高标准的知识产权国际保护规则的确立几乎已无悬念。尽管一国（地区）的域内立法仍然是权利划定和分配的重要手段，但是全球化正在重塑国内和国际的边界，全球经济的运行要求更多的规则在域内法层面进行修订。

知识产权作为法律全球化中首屈一指的领域，当知识产权保护突破以《巴黎公约》和《伯尔尼公约》为代表的传统国际保护体系框架，与贸易规则紧密结合在一起时，贸易成为撬动全球利益的支点，知识产权的"力臂"长短将决定发达国家与发展中国家间的力量对比。贸易与知识产权注定将是全球化博弈中取胜的关键，发达国家已经占得国际规则体系制定的先机，未来如何参与游戏，紧跟美国之后亦步亦趋显然不是出路，中国应当尽力承担一个发展中的大国应当承担的国际责任和义务，在全球经济治理和国际重大谈判中发挥更积极和更富有建设性的作用。❷

---

❶ ANTHONY E. CASSIMATIS. Human Rights Related Trade Measures Under International Law: The Legality of Trade Measures Imposed in Response to Violations of Human Rights Obligations under General International Law[M]. Leiden: Martinus Nijhoff Publishers, 2007: 139-140.

❷ 孙振宇. 中国入世十年得失盘点[J]. 国际经济评论, 2011(5): 27.

第二章 以创新为导向的知识产权政策实践:基于国际视角的比较

本章选取日本企业专利竞争政策、芬兰国家创新体系及创新人才培养与中国相应的政策进行对比研究。首先,全球化时代的企业竞争策略往往与国家战略密切联系。作为实施知识产权战略的核心,企业的研发实力和在全球范围内获取专利的能力,不仅将决定企业在市场竞争中的地位,也将影响本国国际竞争力。因此,研究创新环境必须对中外企业在全球的专利竞争态势及专利布局进行研究。

其次,各国的创新政策始终处于不断调整之中,以满足国家在不同阶段的发展需求。在由农业国向工业化社会的转变过程中,教育事业,特别是高等教育和创新人才培养将是这一时期创新政策的关键,只有这样才能对从国外引进的先进技术进行充分消化吸收并有所创新。因此,高等教育与创新人才培养是创新政策的基础。

第一节　中日企业的创新博弈和专利竞争

本部分由中日两国的国家知识产权战略入手,研究中日企业在全球的专利竞争,重点分析未来中日两国企业竞争最为激烈的新能源产业的专利竞争态势,进而指出中日企业的专利竞争最终将发展成自主创新能力的博弈,下一个10年将是中国企业能否逐步赶超日本企业的关键。

一、企业在知识产权战略中的核心地位

全球化时代,企业的竞争策略往往与国家战略密切联系。中日两国分别于2008年和2003年颁布并实施国家知识产权战略。作为实施知识产权战略的核心,企业的研发实力和在全球范围内的专利获取能力,不仅将决定自身在市场竞争中的地位,也将影响本国的国际竞争力。

日本"国家知识产权战略"中,将企业确立在知识产权战略的核心地位,提出为提高国际竞争力,企业必须重视基础专利的取得,灵活运用知识产权战略,实现企业技术和知识产权的最大价值。❶为了确保知识产权战略的有效实施,日本政府制订了"知识产权推进计划",其实施重点每年都会相应调整。近几年,面对金融危机和经济衰退风险,年度推进计划强调帮助中小型企业和新创企业利用知识产权创造更大价值。❷日本业界则更加重视在拓展海外市场特别是亚洲和新兴市场时,专利技术

---

❶ 日本知的财产战略本部. 知的财产の创造、保护及び活用に关する推进计画. 2003年7月8日.

❷ 日本知的财产战略本部. 知的财产推进计画2013. 2013年6月25日.

作为日本企业竞争力源泉的重要作用。❶

《中国国家知识产权战略纲要》中，提出建立以企业为主体、市场为导向、产学研相结合的自主知识产权创造体系，支持企业通过原始创新、集成创新和引进消化吸收再创新，形成自主知识产权。纲要颁布至今已有5年，建立了战略实施工作部际联席会议的工作制度。2009年，国务院国资委要求53家大型中央企业和其他具备条件的中央企业在当年年底前制定并实施本企业知识产权战略，目标是推进中央企业在关键领域、核心技术上拥有自主知识产权，同时推进知识产权成果运用与标准制订相结合，争取国际标准的话语权。❷可以认为，对中央企业的上述要求对全国企业具有一定的示范作用。

以此为契机，中国企业应抓住建设创新型国家的机遇，借鉴国外经验，提升自主创新能力，建立自己在全球的专利布局。同时，必须意识到尽管拥有专利对企业非常重要，但事实上，专利可以带来经济收益的概率非常小，❸只有综合性运用专利战略才能给企业带来真正的收益。

二、日本企业的专利战略

在日本技术研发中，无论是人员配备还是经费投入，企业一直是主导力量。日本科研实体主要分为四类：企业、非营利机构、公立机构和大学。根据《日本统计年鉴》2009—2011年的数据❹，企业的科研人员大约

---

❶ 久贝卓.知的财产战略の评价と今後の方向－新たな知财政策の開始を.经济产业研究所，2010(8)：2.

❷ 国务院国有资产监督管理委员会.关于加强中央企业知识产权工作的指导意见.国资发法规[2009]100号，2009-4-22.

❸ 池内宽幸.专利激情在燃烧——一名日本专利人的自述.丁英烈等译.北京：知识产权出版社，2003：67.

❹ 日本総務省統計局.日本統計年鑑平成25年.2013.

占全部科研人员的55%至60%,经费投入占全部科研经费的比例在70%至75%间波动。日本企业之间研发结构嵌入在企业集团网络以及企业系列所组成的链式网络之中。[1]可见,企业是日本技术创新的核心,也是实施日本知识产权战略的主体力量。

曾任日本知识产权战略推进事务局局长的荒井寿光教授对日本企业专利布局的原因进行了分析。[2]他指出,45%的日本企业希望通过申请专利阻止其他公司生产或销售相似产品,这是取得专利的传统原因;另有10%的企业希望通过申请专利增加谈判优势,在未来可以通过交叉许可获得其他公司专利的使用权。还有一些公司是出于专利防守的原因,即使自己不准备使用该技术,也要防止竞争对手使用相关技术。根据日本特许厅的调查报告[3],从2006年至2010年五年间,日本有效专利中约50%被商业利用,约30%用于防御性目的并未应用。在所有行业中,商业设备制造、建筑业和机械制造业的专利应用率最高,均超过60%。

因所处行业的经营环境不同,日本各企业专利战略的侧重点各有不同,总结起来有以下三点共通之处值得我国企业学习借鉴。

第一,也是最为关键的一点,是将专利战略融合到研发、生产和销售的各个环节。日本PCT国际专利申请量第一的松下司提出了"三位一体"战略,即在事业和研发推进的各个阶段都融入知识产权活动,构成整体战略。在基础技术研发、商品开发以及生产的每个环节都通过专利检索把握行业技术和知识产权最新动向,及时将新创技术落实为专利。在每一个环节都通过专利诊断和专利分析决定下一步的实施计划,以此实

---

❶ 晋盛武,陈焱,陈建东.日本企业研发结构及其创新特征[J].中国科技论坛,2009(6):142-143.

❷ HISAMITSU ARAI. Intellectual Property Policies for the Twenty-First Century: The Japanese Experience in Wealth Creation. WIPO, 1999:33.

❸ 日本国特許庁.特許行政年次報告書2013年版.2013:52-53.

现将事业、研发、知识产权融合的三位一体经营战略。❶

第二，极为重视专利检索。日本科学技术振兴机构提供多套专利检索系统，可以对技术用语的同义词、近义词进行检索，可以对海外日语文献进行检索，同时提供检索项目的推进事业报告书。日立公司的专利信息检索系统甚至已经在中国市场销售，提供与日本专利局同步更新的专利信息检索。❷

第三，在应对专利侵权纠纷时，善用交叉许可。以三菱公司为例，当三菱被其他公司警告并确认侵犯专利时，即以自己的专利作为谈判筹码，和对方谈判互相转让，以此减少或免除赔偿额并消除专利侵权诉讼。❸交叉许可已成为日本企业对付他人指控的利器。

三、中日企业的全球专利竞争

在全球进行专利布局，是各国企业专利战略的重要举措。根据世界知识产权组织（WIPO）最近的统计数据❹，2012 年受理 PCT 国际专利申请，来自日本的申请为 43660 件，位列第二，较 2011 年增长 12.3%，在世界总量中所占的份额增长 1.1%；来自中国的申请为 18627 件，排名第四，较 2011 年增长 13.6%，在世界总量中所占的份额增长 0.6%。在全球企业申请人中，日本企业占据相当优势，在申请量 50 强的企业中，日本企业有 20 家，而中国企业仅有两家，分别是位居第一的中兴公司和位居第四的华为公司，两家公司均来自于数字通信领域，这也说明了中国优势企业数量较日本明显不足。

---

❶ 李雪. Panasonic：三位一体+本土化战略[J]. 中国知识产权，2009（9）.

❷ 吕可珂. 日立专利信息检索系统 digi-patent/s 进驻中国市场[J]. 中国发明与专利，2011（12）：77.

❸ 常凯. 日本三菱公司知识产权管理的特色[J]. 电器工业，2002（4）：57-58.

❹ WIPO. PCT Yearly Review：The International Patent System. 2013 edition.

　　图2-1根据WIPO历年的PCT统计数据绘制,显示了中日PCT专利申请量的变化趋势。由此发现2009年后,中日两国PCT申请量的增长势头都非常强劲。2011年中国PCT申请量较前一年增长33.4%,日本增长21.0%,分别是当年增速第一和第二的国家。2012年中日两国依旧保持两位数增长。

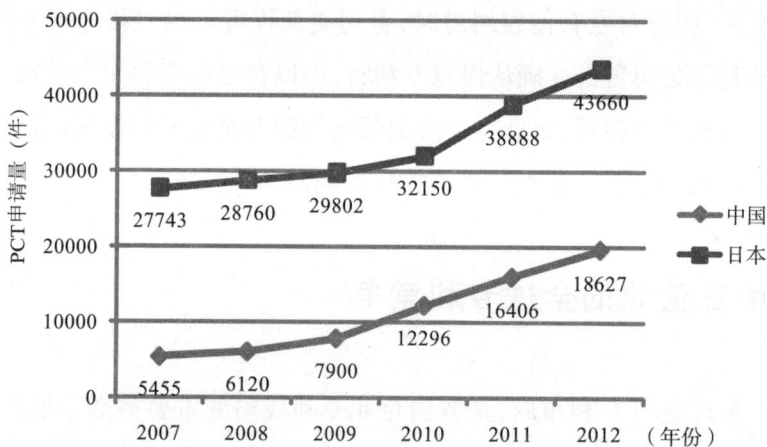

图2-1　中日PCT专利申请量比较(2007—2012年)

　　中国是日本企业重要的目标市场,20世纪80年代起,日本企业即开始了在中国的专利布局。截至2011年,国外在华有效发明专利中,日本以153140件排名第一。有效发明专利量前十位的国外专利权人,日本占七家,分别是松下、佳能、精工爱普生、索尼、三菱、夏普和东芝。[1]对比国内外企业有效发明专利的数量,日本企业的占有量也具有显著优势。在部分行业日本企业有效专利占有量超过1/3,具有绝对优势;在个别技术领域,如音像技术、光学仪器和运输机械等领域,已形成专利垄断态势。图2-2根据《2011年中国有效专利年度报告》[2]绘制,显示了日本企业在华

[1] 国家知识产权局规划发展司.专利统计简报,2012(11).

[2] 国家知识产权局规划发展司.专利统计简报,2012(11).

专利布局密度较大的行业以及该行业中日企业有效发明专利占有量的对比。

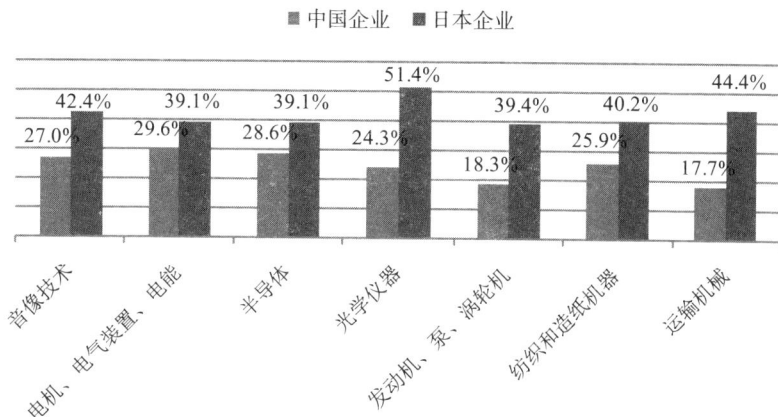

图 2-2　中日企业有效发明专利比较

　　面对密集的专利布局，中国企业必须小心防范，以免在浑然不知中踏入了日本企业布下的专利雷区。同时，中国企业还需要密切关注日本企业在华知识产权结盟行动，以及利用其拥有或控制的专利和技术标准来获取行业垄断地位。❶

　　作为中日两国最重要的出口市场，中日企业在美国市场的竞争非常激烈。近几年的新动向是，日本企业开始利用337调查打击中国竞争企业。337调查是美国国际贸易委员会（ITC）针对进口贸易中知识产权侵权采取的一种措施。被调查企业一旦被裁决侵犯了在美有效的知识产权，ITC将发布排除令，禁止被诉企业的产品进口到美国，甚至不区分产品来源，所有同类产品都被禁止进口。❷

---

❶ 何隽. 日本企业在华专利战略研究[J]. 法律与科技，2010（3）：55-58.

❷ USITC. The U.S. International Trade Commission Section 337 investigations. USITC Publication No.4105，2009.

日本企业20世纪70年代刚进入美国市场时,曾遭到美国公司运用"337调查"阻止其侵占市场。而现在日本公司已开始使用"337调查"来排除中国竞争者。以爱普生和佳能连续提起的"337调查"为例❶,2006年3月,在美的日本精工爱普生公司向ITC状告中国企业在美销售的墨盒产品侵犯其专利权。当时珠海纳思达数码公司作为中国唯一应诉方,耗资1500万美元应诉,但最终仍在2007年的终审中败诉。四年之后,2010年6月,佳能就纳思达在美国市场销售的激光打印机用鼓粉盒向ITC提起"337调查",指控后者涉嫌侵犯了佳能两项打印机硒鼓专利。五年之内,"337调查"的大棒两次落向中国兼容耗材企业,第一次针对墨盒,第二次针对硒鼓。而据纳思达公司人士透露,佳能真正想打击的并不仅仅是耗材,而是针对纳思达即将推出的激光打印机,一旦通过"337调查"阻断中国企业所产耗材在美国的市场,也就对中国企业未来在美销售打印机进行了先行拦截。

"337调查"已被国外企业视作一种市场竞争手段,中国企业必须了解国际市场的游戏规则,充分了解出口产品的目的地和转运地的专利制度,提前防范,做好专利检索和专利预警。中国企业还应学习日本企业在面对专利侵权指控时灵活运用专利交叉许可,尽可能避免全部退出市场。而对于我国企业而言,目前的关键还是提高自主创新能力,获得可以用来谈判、进行交叉许可的专利。

四、中日企业在新能源产业的竞争

对新能源的开发和利用是衡量一个国家高新技术发展水平的重要依据,新能源产业已经成为新一轮国际竞争的焦点,也将成为未来中日两国专利竞争最为激烈的领域。

---

❶ 扼杀中国打印机"337大棒"砸向中国兼容耗[J]. 计算机世界,2010(29).

作为能源极度匮乏的国家，早在1996年日本经济结构改革审议会就提出新能源产业是未来有望成长的领域之一。[1]政府对新能源产业投入大量资金支持，推动了日本企业在新能源领域的技术研发和在全球范围内的专利申请。近年来，随着中国政府对新能源产业的重视，先后出台了一系列政策助力产业发展，例如通过财政补贴支持推广应用新能源汽车。[2]在激励措施之下，中国企业成为新能源领域技术研发的后起之秀，并尝试在全球进行专利布局。以下选取新能源汽车产业和光伏发电产业对中日两国的专利竞争态势进行分析。

1. 新能源汽车产业

在新能源汽车领域，日本占据着绝对技术领先优势。表2-1根据《新能源汽车产业专利态势分析报告》[3]绘制，数据截至2011年3月，展示了新能源汽车各子领域全球原创专利申请量的排名（原创申请量是指按专利申请的首次申请来源国统计的专利申请数量，是反映一国在该领域研发实力的重要参考指标），日本在全部子领域的排名中均占据首位。表1同样显示出在新能源汽车技术研发中，中国申请人也有不俗的表现，有3个领域排名进入全球前五。但是，中国原创申请量与日本相比差距很大，在纯电动汽车领域最为接近，也仅有日本申请量的24.5%。

---

[1] 日本通商産業省産業政策局.日本経済の構造改革：産業構造審議会総合部会基本問題小委員会中間とりまとめ[N].東洋経済新報社,1997:202-204.

[2] 财政部,科技部,工业和信息化部,国家发展和改革委员会.关于继续开展新能源汽车推广应用工作的通知.财建[2013]551号,[2013-9-13].

[3] 国家知识产权局规划发展司.专利统计简报,2011(18).

表2-1　新能源汽车领域全球原创申请量排名

新能源汽车领域	全球原创申请量（件）排名				
	第一	第二	第三	第四	第五
混合动力汽车	日本：24342	美国：5331	德国：3149	韩国：2040	中国：1571
纯电动汽车	日本：10605	中国：2600	美国：1995	德国：1294	韩国：1067
燃料电池汽车	日本：15872	美国：2381	德国：1136	韩国：909	法国：315
动力电池	日本：11087	中国：2167	德国：1675	韩国：1378	美国：1281

　　2010年10月，当我国将新能源汽车产业确定为战略性新兴产业重点发展的方向时，在新能源汽车原创技术上具有领先优势的日本企业早已完成在华专利布局，日本企业在新能源汽车各子领域在华的专利申请均排名第一。❶日本企业不仅看好中国作为新能源汽车的重要目标市场，而且也提前进行专利布局，占据产业制高点以此抑制中国的同业竞争者。

　　在基本完成新能源汽车的全球专利布局之后，日本企业的下一个目标就是积极推动制定新能源汽车的国际标准。日本企业意识到，在很多行业的全球竞争中，日本企业曾经取得过压倒性的市场份额，但是由于模块化生产的推广，日本企业随之失去了其优势地位。因此，在新能源汽车领域，日本企业希望利用国际标准化战略，将其技术优势加以巩固。

---

❶ 国家知识产权局规划发展司．专利统计简报，2011（18）.

日本经济产业省2010年发布"新一代汽车战略"❶,其中对新能源汽车的标准化战略按5年为期做出重要部署,推动在电池性能和安全评测方法、充电连接器系统等领域的国际标准化,特别强调政府与企业合作推动标准化进程。

值得关注的是,在新能源汽车的各子领域中,日本企业在该领域已形成集团优势,全球专利申请量排名前三的申请人均为丰田、日产与本田,且丰田公司独占各技术领域申请量首位。❷与日本企业占绝对优势不同,我国参与新能源汽车研究的企业、科研院所和高校众多,但并未形成具有领先优势的行业领军企业,也没有形成类似日本企业的集团技术优势。

2012年6月,国务院发布了《节能与新能源汽车产业发展规划(2012—2020年)》,其中特别指出在新能源汽车的技术创新中,要强化企业的主体地位,引导创新要素向优势企业集聚,完善以企业为主体、市场为导向、产学研用相结合的技术创新体系。需要注意的是,2013年,中国汽车工业协会在规划新一代高性能动力电池的研发时,提出的构想是新筹措建立一个国家级动力研究院❸;而不是给予政策支持,依靠已经具备一定技术优势且了解市场真实需求的新能源汽车企业自主开发。这也从侧面显示出,我国行业协会在引导新技术开发时,仍然没有摆脱研发与生产分离、过于依赖专业科研院所的传统思路。

2. 光伏发电产业

作为新能源的代表,光伏发电产业飞速发展,呈现出日新月异的竞争格局。依靠先进的技术,2000年时日本已是光伏产品生产大国,当时夏普、京瓷、三洋和三菱电机等日本公司控制了国际市场,2005年其产能

❶ 日本経済産業省製造産業局自動車課.「次世代自動車戦略2010」の策定について.自動車販売,2010(5):4-9.

❷ 国家知识产权局规划发展司.专利统计简报,2011(18).

❸ 叶盛基.中国新能源汽车产业发展现状与展望[J].汽车与安全,2013(6):89.

总和相当于世界光伏产能的一半左右。随着中国公司进入国际市场，日本公司在价格和产能对决中败北。近几年，日本光伏产品转而以内销为主❶，而中国已成为全球第一大光伏发电产品生产大国。

然而，与中国企业巨大的生产能力相比，中国光伏发电产业的技术和市场保护力度却比较欠缺。从专利申请状况来看，截至2010年，全球共有84827件专利申请，其中日本有40978件，位列第一，占据全球48.3%，而中国仅占18.2%。❷图2-3展示了中日企业在对方国家以及在美国和欧盟的专利申请情况对比，日本企业在全球的专利优势一览无余。中国光伏发电产业作为一个典型的出口导向型的产业，专利量的不足将是业内企业后续发展的严重阻碍。

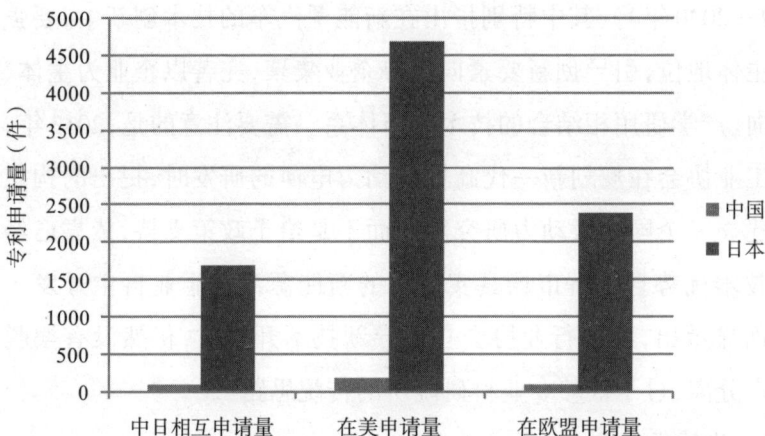

图2-3　中日企业在对方国家及在美国和欧盟专利申请情况

与新能源汽车领域日本企业独占技术优势不同，光伏发电专利申请人数量庞大，全球共有16193位，虽然排名在前的申请人大部分来自日本，包括夏普、佳能、三洋、京瓷、松下等大型企业，但前十位申请人总申

❶ 罗靖.日本——迅速发展的光伏市场[N].中国有色金属报,2013-8-15.

❷ 国家知识产权局规划发展司.专利统计简报,2012(3).

请量仅占总量的15.6%❶,专利申请相对较分散,并未出现一家或几家独大、技术垄断的现象,这给我国企业提供了发展突破的机会。

与此同时,日本企业也意识到专利技术分散导致的竞争劣势。为了重新抢食全球市场,2011年12月,在日本经济产业省的支持下,日本松下、三井物产等约二十家太阳能电池企业决定,将针对东南亚、中南美等区域成立五个联盟,进行跨企业合作,组成团队承接业务。❷中国光伏发电产业刚刚经历了美国和欧盟的"双反"调查,企业面临着国外市场饱和、国内产能严重过剩的困境。这时候,一旦日本企业利用其先发技术优势,再辅之以结盟合作,极可能成为中国企业的强劲对手,重新夺回国际市场控制权。

结语：中国企业的自主创新之路

自主创新能力建设对加快转变经济发展方式尤为重要。2013年1月国务院发布的《"十二五"国家自主创新能力建设规划》要求建立企业主导产业技术研发创新的体制机制,引导和支持创新要素向企业集聚,并培育百家在产业自主创新中具有领军作用的大企业集团和创新优势企业。

中国经济实力的增强带来了中日两国竞争格局的变化。根据世界经合组织(OECD)的数据❸,进入21世纪后,中国的研发支出以年均接近20%的速度迅速增长,于2009年首次超过日本,成为仅次于美国的世界第二大研发投入国。随着中国企业研发投入的增加,中日两国企业未来在某些关键技术领域的摩擦也会同步增多。对此,理性地进行技术转让

❶ 国家知识产权局规划发展司. 专利统计简报,2012(3).

❷ 日本光伏企业结盟"出海"[J]. 能源技术经济,2012(1):61.

❸ OECD. Expenditure on R&D in OECD Factbook 2013:Economic,Environmental and Social Statistics,OECD Publishing,2013:150-151.

和专利许可都是可行之选。在新能源领域，必须充分重视日本的技术优势，积极引进日本先进技术，在特定领域寻求合作，以此培养我国企业自主创新能力，在关键技术领域积蓄力量寻求突破。

长期以来，日本企业在华专利申请量一直超过欧美企业，一个重要的原因是日本把占领中国市场作为其投资中国的最主要目的。日本对华直接投资以制造业为主，在华日资企业制造的产品以本地销售为主，这在家用电气和汽车领域中最为明显。❶因此，为了有效占领市场，日本企业在中国大量申请专利，巩固其竞争优势。这就造成日本企业在华拥有丰富的专利资源，在部分技术领域已构成密集的专利地雷阵，给我国企业在这些领域自主研发、技术突破和后续技术开发带来了一定障碍。

全球化时代，中日企业的专利竞争，最终将发展为一场自主创新能力的博弈。对中国企业而言，可以说挑战与机遇并存。一方面，在全球竞争中，像日本这样的先行者，熟悉市场规则，垄断基础专利，占据着优势竞争地位；另一方面，随着中国综合国力的增强，中国企业背后不仅有巨大的中国市场，还有强劲的经济增长动力以及充沛的科研经费支持，这些都是陷入经济增长停滞状态的国家无法企及的有利条件。因此，下一个十年，或许将是中国企业能否全面发展与逐步赶超日本企业的关键，我们拭目以待。

❶ 刘昌黎. 日本对华直接投资的新发展、新特点及其对策[J]. 现代日本经济，2012(1)：52.

第二节　芬兰国家创新体系与创新人才职业发展

重视科学与教育的国策奠定了芬兰全面创新的基础。良好的教育是芬兰国家创新体系的基石。高素质人口有利于接受、扩散和应用新思想、新技术，有利于创新精神的培育和创新文化的发展。

本部分基于笔者在芬兰的博士后研究经历，对芬兰大学创新人才的职位发展四阶段模式进行介绍，分析图尔库大学研究生院职业发展教育中的务实性和前瞻性，在此基础上建议我国大学研究生培养需要完善通用技能教育和职业规划教育。

一、芬兰国家创新体系

芬兰国家创新体系❶是从事科学技术创新活动的机构、体制安排、运行方式的总和，它覆盖全社会科技创新的网络组织，包括企业、政府、大学、研究院所、中介机构等，是一个市场行为和政府行为共同作用的体系。其中的核心理念即公私合作模式（Public-Private Partnership）。❷

国家创新系统中，创新活动的主体包括以下6类。❸

第一类，企业。芬兰企业特别是大企业多设有科学研究机构和技术开发部门。

---

❶ REIJO MIETTINEN. National Innovation System：Society Concept or Political Rhetoric，Helsinki：Edita Prima Ltd，2002.

❷ 龙怒. 芬兰科技创新经验对浦东高科技发展的启示[J]. 科技进步与对策，2010（2）：43.

❸ 程桂云. 芬兰国家创新系统解析[J]. 学术论坛，2006（7）：145-146.

第二类,教育科研机构。除了高校外,还包括芬兰国家技术研究中心(VTT)。VTT是芬兰国家技术研究中心的简称,总部位于赫尔辛基,是芬兰乃至北欧地区最大的综合性公共研究机构。通过开展以应用技术为导向的研究,VTT成为沟通科研院所与企业的重要桥梁,在推进科技成果转化方面发挥了重要作用。VTT的目标是通过提供科研服务,用以提升企业、社会以及其他客户在其创新过程中的国际竞争力。其基本定位在应用技术领域,旨在加强知识产权和知识应用的联结和贯通。根据设定的发展目标,VTT自身规划了5类基本服务功能,主要分为两大类:第一是以开展应用研发活动为主的研究,其功能包括开展战略研究,主要研究类型为应用技术研究。第二是以推动科技成果实现市场价值为主的各类服务功能,包括为企业找到发展方向而进行技术预见分析、商业化进程的推进、提供风险投资以及各类咨询、监测或认证的专业化服务等。VTT的资金来源包括从政府部门获得固定资助,也通过营业性收入获得资金。可以说,作为一个非营利性机构,VTT所提供的不仅是具体的项目研究成果,还包括与创新有关的各类服务,例如风险投资、企业决策方案咨询等。这些活动的根本目标是推动芬兰应用技术研究的发展,提高芬兰企业的创新实力,进而提升芬兰国家整体的创新能力。❶

第三类,科学与技术政策理事会。理事会直接由总理组织并亲自主持会议。理事会成员包括8个主要部长(教育部长、贸易与产业部长担任副主席),芬兰10所大学的最高层代表(校长和顶尖研究者),产业界、科学院、国家技术局(TEKES)、雇主和雇员组织的最高层代表。

第四类,国家技术局(TEKES)。芬兰国家技术局是为以商业为导向的公共研究和开发提供资助的主要机构,其优势在于其很强的独立地位。国家技术局向贸易与产业部长负责,但资助的情况则由其自行决

---

❶ VTT:架起知识产权与知识转化的桥梁[J].上海科技发展研究中心编.科技发展研究,2008,206(8).

定。这种独立性使得国家技术局行动迅速，做出的决策更贴近研究与开发活动的实际情况。

第五类，国家研究发展基金（SITRA）。芬兰国家研究发展基金通过直接资助公司和自己的创造性项目来推动经济发展，承担风险资本家的角色，即对初创公司的起始阶段和扩张阶段提供资助。国家研究发展基金是芬兰最大的风险资本，同时，还是一个产生新思想的思想库，它着重对基础研究和教育提供资助，对促进国家技术局的产生起着重要作用。

第六类，政府。政府在芬兰国家创新系统中起着非常重要的作用，扮演着指挥者和协调者的角色。例如，政府出面建立了很多委员会、理事会、指导小组、论坛等，这些组织和机构为来自产业界、大学和政府的不同背景的人员提供交流知识和思想的平台，从而提高创新活动的效率。需要指出的是，政府与这些组织、机构之间的关系并不是直接控制的关系。虽然这些组织机构向某一个政府部门负责，但其具有自治地位。政府还通过出台一系列政策，积极推动自由化、放松管制和私有化。

国家创新系统强调，政府的管理结构和政策工具不仅需要解决"市场失灵"，同时更要解决"系统失灵"，即创新系统中不同行动者间的相互冲突与排斥，导致系统内部知识的生产、传播和使用的路径受阻。与其他 OECD 国家特别是美国仅仅将政府对创新的支持限制于基础研究领域不同，芬兰政府采取直接资助产业 R&D 活动的政策。[1]作为资助产业 R&D 最重要的公共机构，自 20 世纪 90 年代起，国家技术发展中心（TEKES）对制造业部门的资金投入占据整个公共 R&D 投入的75%～80%。除提供产业 R&D 的经费补助和贷款外，TEKES 同时也资助公共科研机构的应用研究。为了使公共 R&D 知识溢出效应和经济社会效益最大化，TEKES 要求被资助企业提供50%左右的配套资金，并要求接受资

---

[1] GERD SCHIENSTOCK, TIMO HAMALAINEN. Transformation of the Finnish Innovation System: A Network Approach. [M]. Helsinki: Hakapaino Oy, 2001.

助的大企业必须同其他中小型企业以及科研院所进行合作研发。经验表明,获取TEKES资助企业的平均生产率水平及增长速度比独自研发的企业表现更为突出。这样,通过各种配套政策措施与制度设计,芬兰政府在资助产业R&D的同时也扮演了创新活动的催化剂与协调者的角色,芬兰创新系统中产业、大学、公共科研机构间的相互作用关系得以显著增强。❶芬兰国家创新体系中的一个重要特点是,政府是指挥者、组织者、协调者和服务者。

二、亲历芬兰大学科研体制

芬兰的创新政策始终处于不断调整之中。第二次世界大战前,芬兰基本上是一个农业国,仅有的工业大多围绕着森林的开发利用,因此,政策上鼓励引进外国技术并进行模仿。第二次世界大战后的恢复和重建中,芬兰经济仍然主要依赖于森林资源而发展。通过引进先进技术,芬兰的森林产业进入新的发展时期,在规模上已进入欧洲前列。为实现向工业化国家的转变,芬兰政府开始重视教育事业,发展教育尤其是普及基础教育形成这一时期重要的政策特点。与此同时,国家开始关注高等教育,随着人才技能需求的增加,中央政府、地方政府和企业也对所在地的教育给予支持并开展合作。到了20世纪80年代,受世界经济发展形势和新技术革命的影响,芬兰政府将芬兰的竞争优势定位于技术领先,产业确定了出口导向和技术导向的方针。这一时期对教育和科技的投入继续增加,新建技术学院、科学园区、公共研究机构和各类国家基金管理机构。企业也大大加强了R&D投入,政府采取了一系列积极措施支持科技创新,这一时期成为芬兰经济发展向知识密集型增长过渡的加速转

---

❶ 李春景,杜祖基. 芬兰科技政策演进与科技竞争力发展研究[J]. 科技政策与管理,2006(12):41.

型时期。❶进入21世纪,芬兰的创新政策强调适应全球化、可持续发展、新技术和人口老年化的需求。❷

芬兰极为重视教育,从20世纪60年代起就把普及基础教育置于国家政策的重心,教育经费持续增加,在国家预算中占有重要的地位,教育支出在国家预算中仅次于社会福利支出,居第二位。国家的高等教育实行免费制,任何人(包括外国人)通过考试均可免费进入大学学习。按照人均享受教育和占有图书馆的比例,芬兰均居世界首位。不仅政府重视教育事业,芬兰的产业界也十分重视和支持教育。在芬兰企业中流行着一句名言:教育就是芬兰的国际竞争力,许多芬兰企业愿意为教育和培训投入。除了政府资助的办学方式,学校与企业结合,学校与研究机构结合也是芬兰实施高等教育和研究生培养的重要途径。❸

2011年9月起,笔者在芬兰图尔库大学(University of Turku)法学院开始了一个学年的博士后研究。期间,还担任客座讲师为硕士研究生讲授中国知识产权法。对于芬兰大学的科研机制,笔者有两点比较深刻的体会。

第一,将流动性(mobility)作为评价研究人员能力的一个重要指标。如果一位初级研究人员具备在不同国家开展研究的经历,则相对更容易得到认可。在欧洲,博士是流动性很高的人群,他们中的很多人攻读博士学位以及此后的职业生涯都在国外。根据统计,过去10年里,欧洲有15%～30%的博士在国外工作,这种现象在年轻博士及近期获得博士学位者中尤为突出。

第二,研究经费申请对女性,特别是对已经或准备生育的女性给予特殊照顾。例如,通常情况下,博士后研究基金的申请时限是博士毕业4年之内,超出4年则不再具有资格。但是,如果女性在此时限内生育孩

---

❶ 冯瑄,董建龙,等.创新——芬兰科教兴国的启示[J].中国软科学,1999(6):12-13.

❷ The Ministry of Employment and the Economy, Finland's National Innovation Strategy, 2008.

❸ 同❶13.

子,则按照每个孩子生育期一年的标准加以延续。即博士毕业五年内生育一个孩子的女性,同样具有申请资格;如生育两个孩子,则六年内具备资格,以此类推。同时,经费额度会根据申请人要求考虑涵盖小孩和配偶的生活费用。普通博士后资助额度是税前每年2.5万欧元,对于需要抚养孩子的母亲,最高可达每年7万欧元。

2012年7月,笔者以终期考核"优秀"结束了研究,在整理芬兰工作记录时,越来越深刻地体会到芬兰研究生教育中体现的务实与前瞻,其研究型人才职业发展教育非常值得我国研究生教育借鉴。

三、芬兰研究型人才的职业发展政策

在芬兰,只有大学才能授予博士学位,博士生培养是大学三级学位制度中的最后一环。芬兰教育部设定各学科的招生目标总数,各大学自主决定招生人数,不同大学、不同学科的招收标准存在差异。目前,芬兰全国博士生总数约20500人,预期每年获得博士学位的大约1600人。博士学位和硕士学位的比例自2000年起保持在约1∶10。近20年,芬兰获得博士学位的人数增加了两倍,其中超过一半由女性获得。❶

芬兰教育部于2007年成立了"实现研究职业生涯(Realising a Research Career)"工作组,对如何发展研究职业以及如何开展研究者培训进行了细致的研究,提出了具体目标和可行方案,并要求将此纳入各大学的人事政策。2008年,芬兰教育部发布"研究职位四阶段发展模式(four - stage research career model)"报告。❷四阶段发展模式主要针对大学任职的研究者,其核心是如何获得终身职位,这也是芬兰大学研究者面

---

❶ Academy of Finland. Towards Quality, Transparency and Predictability in Doctoral Training. 2011:1~17.

❷ Ministry of Education. The Ministry of Education Reports[R]. 2008:1~58.

临的最重要挑战。

研究职位发展四阶段❶包括:第一阶段,从事博士论文研究的初级研究人员(early stage researcher),即博士候选人(doctoral candidate);第二阶段,刚刚获得博士学位开始研究职业的人员(researcher)或博士后研究员(postdoctoral researcher);第一和第二阶段主要是临时性职位(temporary position)。第三阶段,独立从事教学和科研的专家(independent professional),已能够履行学术领导职责;第四阶段,教授(professorship);第三和第四阶段属于永久性职位(permanent position)。

芬兰教育部根据2006年的官方统计和各种调查,对从事研究职业人员的职业发展进行了预估,当时芬兰大学每年授予约1500个博士学位,每年聘任的终身教职数量约150名,即每年新毕业的博士中约10%可以预期获得终身教职(目前每年预期授予博士学位1600个,博士学位与终身教职比例仍维持10%左右)。这就意味着,绝大多数博士最终无法获得终身职位,不得不选择非学术或非科研职业。可以说,四阶段职业生涯模式为有志于从事科研事业者提供了对未来职业的明确预期,也提高了研究人员的身份认同(researcher brand)。❷

四、图尔库大学研究生院职业发展教育

图尔库大学是芬兰历史最悠久的大学,其前身是建于1640年的图尔库皇家学院,它与英国牛津大学、剑桥大学、意大利博洛尼亚大学、德国哥廷根大学等40所欧洲最古老且富有声望的综合性大学,同属于欧洲古老大学联盟(Coimbra Group),这一联盟也被称为欧洲常春藤联盟。据

❶ BEATE SCHOLZ. etc. Research Careers in Europe: Landscape and Horizons[R]. Strasbourg: European Science Foundation, 2009: 17.

❷ MIRKKA RUOTSALAINEN. 3rd Cycle Degrees: Competences and Researcher Career[Z]. Bologna Seminar, Helsinki, 30 Sept. 1Oct, 2008.

2012年统计在校学生超过20000名,在职员工3300人,当年授予博士学位182人。❶

在芬兰教育中,博士生培养的目的是加深对所研究领域的认知,增强运用科学或艺术方法独立开展批判性研究的能力,从而创造新的知识。系统化的博士生培养包括:完成本领域相关课程、进行独立的科学或艺术领域的研究以及开展通用技能教育。研究生院为博士生学习和研究提供支持性环境。

1. 通用技能课程

通用技能教育是芬兰博士生教育中尤为值得关注的部分。根据芬兰教育部的指导性意见,通用技能(transferable skills)教育涉及三个方面的内容:一是基本学术能力的培养,如论文写作、科技写作、口头报告、墙报;二是作为研究者的素质和技能的培训,如研究伦理(包括同行评议、出版压力、保密义务、署名权等)、项目管理、时间管理、数据处理、申请研究经费、科学传播、利用研究成果、保护知识产权;三是个人发展和未来职业规划的训练,如沟通和表达能力、教学技能、研究团队合作、多元文化工作协调、跨国研究合作、创业、研究职业生涯规划等。博士生一旦掌握了通用技能,在面对多元化就业选择时,特别是在进入非学术和非科研机构时,就能够从容应对,迅速适应。

通用技能课程是研究生院所提供课程中最重要也是占主要部分的课程,课程信息可以在上一学期末查询。所有课程均可在网络系统中申请,申请时需要提供申请人的学籍和专业,并填写申请该课程的动机和预期。部分课程不仅面向本校,外校学生也可以申请;还有一些课程青年教师甚至全体教师均可以申请。在课程注册结束后,申请人将收到课程信息邮件。如果申请人数超过预期人数,将根据申请人的学籍(本校

---

❶ Diversified and High-grade University(2012-12-31), Available at:http://www.utu.fi/en/university/Pages/home.aspx.

注册的博士研究生属于第一级别优先考虑）、申请课程的动机和递交报名申请的先后顺序进行筛选。

以2011年秋季和2012年春季学期为例，图尔库大学研究生院开设的英语授课的通用课程包括：学术演讲技巧（2学分）、研究人员的劳动法问题（1学分）、学术研究伦理（2学分）、如何进行理论研究（1学分）、亚洲研究的实地调查方法（4学分）、理论本地化（4学分）、学术写作诊所（1学分）、学术写作与发表（4学分）、科学哲学（3学分）、如何设计实验和现场实验（2学分）、统计学工作坊（1学分）等。

除通用课程之外，研究生院还提供了大量与学术研究和职业发展相关的讲座、研讨和培训，包括如何在基础研究和商业应用中使用专利数据库、如何成功申请欧洲研究理事会和欧盟FP7计划的研究资助，以及博士生创业项目研讨会等。

2. 职业规划研讨

2012年春季学期，笔者参加了研究生院开设的如何规划博士毕业后的事业（Life After Ph.D. seminar）系列研讨。该研讨主要面向处于研究职位发展第一阶段和第二阶段的博士候选人和博士后研究人员，着重讲授科研项目申请经验，探讨博士毕业后的职业规划，分别由在各自领域具有丰富经验的研究者和从业人员主讲，一共包括五个专题。

专题一"博士的招聘和就业"，由图尔库大学学术职业服务中心的负责人主讲，介绍博士在就业市场中定位以及如何找到理想的工作。专题二"学术研究事业"，由已经获得终身教职的研究人员主讲，介绍如何规划博士毕业后的学术生涯以及在欧洲之外担任研究人员的经验。专题三"公共部门的就业机会和职业路径"，由公共部门工作人员主讲，介绍国家行政机关工作经验以及如何在公共部门发挥社会科学研究的作用。专题四"私营部门的就业机会和职业路径"，由私营部门研究者主讲，介绍博士在金融业、医疗健康业的就业机会，以及如何发挥大学作为创新者源泉的作用。专题五"如何获得各类科研资助",由各类研究基金管理协调负责人主讲,介绍科研项目的规划和各类基金资助的申请准备。

讲座的第一讲中"博士在就业市场中的定位"是系列研讨的"引论"部分,也是整个职业发展教育中最为关键的部分。依据对毕业生和雇主的访谈及调查,主讲人认为,博士毕业生在就业市场最重要的优势在于博士学位本身是承担某些特定工作的前提条件;学位隐含的价值也得到雇主和就业市场的认同。而其劣势在于,对于某些工作而言,博士教育超出了职位本身所需要的教育程度,因此雇主会更青睐于具有较长工作经验的硕士毕业生。同样,根据对毕业生的调查,主讲人建议,博士期间应当重点加强的技能依次包括:学术写作、国际交往、演讲技巧、资金获得能力、知识产权运用能力、人际交往能力、项目管理技能、教学技能、领导能力、职业生涯规划能力等。

结语:对中国创新人才职业发展的思考

2012年我国毕业博士生5.17万人[1],同年全国博士后科研工作站和博士后科研流动站招收博士后研究人员1.25万人[2]。近几年,国内高校越来越倾向于以博士后作为入职起点,博士毕业直接进入高校的人数日趋减少。以2012年的数据估算,当年毕业的博士生中约有4万人进入非学术或研究机构就职。

在我国,一方面,大多数博士毕业生首次就业不能进入学术或科研机构;另一方面,随着高校人事制度改革深入,教育部正在探索教师退出机制,这就意味着博士毕业后所获得的教职可能只是临时性职位,几年

---

[1] 教育部. 2012年全国教育事业发展统计公报[N]. 中国教育报,2013-8-17(2).

[2] 人力资源与社会保障部. 2012年度人力资源和社会保障事业发展统计公报[N]. 中国组织人事报,2013-5-29(8).

后仍然可能出现职业分流。因此，中国博士毕业生将更早面临职业选择多元化问题，即只有少部分博士学位获得者能够获得学术职位，而最终能够以学术和科研为终身职业的人更是少数。这使得改革我国大学现有人才职业发展教育变得更加紧迫。

从职业规划角度，目前我国高校的研究型人才培养有两点需要改进：首先，博士生教育仅注重专业知识学习和学术能力训练，忽视通用技能的教育，博士生缺乏相应的综合素质，在毕业后如果不从事学术或研究工作，在就业市场则缺乏相应的竞争力。其次，现有高校的职业指导主要面向本科生和硕士生，博士生的职业教育几乎为零。这就导致博士生对未来的职业选择和发展路径知之甚少，信息来源主要依赖导师和学长的口口相传，缺乏可预见性。

针对上述情况，笔者建议借鉴芬兰经验，对我国大学研究型人才职业发展教育进行完善和发展。具体而言，第一，重视务实性：完善通用技能教育。建议高校研究生院开设通用技能教育课程，例如写作技能、演讲技能、学术研究伦理、研究职业的劳动法问题、专利申请、知识产权的管理和运营、项目管理、跨文化合作、国际交往能力等课程。

第二，强调前瞻性：开展职业规划教育。建议高校研究生院和就业指导机构增加博士生职业规划指导讲座或培训，例如举办如何申请各类科研资助的讲座、举办毕业博士生就业经验交流会、邀请学术前辈分享研究生涯、开设有关学术职业前景和发展规划的研讨等。

综上所述，通用技能教育和职业规划教育是我国创新人才培养中需要立刻着手完善的两个部分。行远自迩，任何事业都会经历由浅入深、循序渐进的过程，通用技能的学习将是成就研究型人才未来事业的基础。未雨绸缪，只有对未来的职业发展路径有清晰的认识，才能见出知入、观往知来，职业规划的指导将成为协助研究型人才走向学术科研之路的推手。

第三章 创新模式转换与知识产权政策调整：基于典型产业的研究

本章选取医药产业、网络音乐产业和低碳技术产业等三个代表性产业，密切联系产业升级、经济转型、战略性新兴行业发展，从不同角度对完善和优化我国现有知识产权政策进行系统分析和研究，涵盖：①以卫生公平为导向的药品知识产权政策；②以多元化需求为导向的网络音乐版权政策；③以绿色发展为导向的粤港低碳技术共享专利池政策。

第一节 药品知识产权政策:以卫生公平为导向

落实健康权首先要确保公众能够非歧视地获得基本药物。鉴于专利对药品价格的影响,药品知识产权所涵盖的绝不仅是私人利益的分配问题和经济问题,而是涉及道德问题和政治问题。为了确保全球健康资源的公平分配和利用,《TRIPs 协议》及《TRIPs 与公共健康多哈宣言》(以下简称《多哈宣言》)对药品专利权进行限制,其中最重要的是为了公共健康目的和惠及最少受惠者的强制许可制度,以及权利用尽和平行进口制度。与此同时,《TRIPs 协议》出于对效益与效率的考虑,对药品知识产权在某些方面也提供了强化保护机制,例如延长药品专利期,以及对未公开的试验数据提供保护。对药品知识产权法律和政策的评价应当被纳入卫生公平体系内考量,以推动国际知识产权规则朝着普惠、包容方向发展。

一、健康权可否由市场定价

在所有关于社会公平的讨论中,疾病、药品与健康都是无法回避的话题。1946 年签署的《世界卫生组织章程》是第一份提出健康权(the right to health)的国际文件,在其序言中指出"可能达到的最高水平的健康,是不分种族、宗教、政治信仰、不因经济或社会条件而有区别的每个人的基本权利之一"。此后 1948 年通过的《世界人权宣言》、1966 年的《联合国经济、社会及文化权利国际公约》(ICESCR),以及多个区域性人权法律文件❶和许多国家宪法❷都将健康权作为最基本的人权。

联合国经济、社会和文化权利委员会（CESCR）第 14 号《一般性意见》❸规定各成员国不得干涉民众享有健康权，要求各国采取措施，以防止其他各方干涉民众享有健康权，同时通过法律实施、采取积极措施和政策使个人能享有健康权。简单而言，各国应尊重、保护和落实民众的健康权。这其中，最重要的是确保公众能够非歧视地获得基本药物。考虑到知识产权对基本药物价格的影响，CESCR 在第 17 号《一般性意见》❹中指出，知识产权从根本来说是一种社会产品，具有社会功能，因此各缔约方有义务达成适当的平衡，即不能过度鼓吹知识产权创造者的私人利益，需要在确保其利益与公众广泛应用其产品之间促成充分的平衡，各方都有责任防止基本药物的价格过高。

基本药物（essential medicines）是那些满足人群卫生保健优先需要的药品，在一个正常运转的医疗卫生体系中，基本药物在任何时候都应充足供应，保障质量，且价格为个人和社区所能承受。基本药物通过循证方法来确定，对药物的选择考虑到患病率、安全性、药效以及相对成本效益。由世界卫生组织（WHO）的专家小组编写一个标准清单，为会员国提供范本，各国可根据本国需要进行改编。基本药物清单（EML）每两年修

---

❶ 例如 1961 年《欧洲社会宪章》、1981 年《非洲人权和人民权利宪章》和 1988 年《美洲人权公约关于经济、社会和文化权利领域的附加议定书》（以下简称《萨尔瓦多议定书》）。

❷ 截至 2009 年，已有 135 个国家，将健康权纳入本国宪法。参见 WHO，WIPO 和 WTO，Promoting Access to Medical Technologies and Innovation：Intersections between Public Health，Intellectual Property and Trade，2013：40.

❸ UN CESCR. General Comment No. 14：The Right to the Highest Attainable Standard of Health（Art. 12 of the Covenant），UN document E/C.12/2000/4，11 August 2000.

❹ UN CESCR，General Comment No. 17：The Right of Everyone to Benefit from the Protection of the Moral and Material Interests Resulting from any Scientific，Literary or Artistic Production of Which He or She is the Author（Art. 15，Para. 1（c）of the Covenant），UN document E/C.12/GC/17，12 January 2006.

订一次。1977年,首个清单确定了208种基本药物,2013年的清单涵盖了583种药物(包括活性药物成分、医疗设备和疫苗),除用于治疗传染性疾病,例如疟疾、艾滋病毒/艾滋病、结核,最近的清单越来越多地关注到非传染性疾病,包括心脑血管疾病、癌症、慢性呼吸道疾病和糖尿病等慢性病的治疗。❶任何实体,包括个人、政府、制药公司或医学协会都可建议增加药物,但必须提供相应证据,说明所建议药物的安全性、功效和成本效益,证明该药物对满足重点卫生保健需求是至关重要的,并能够充足供应。

由于药品的价格受专利影响,增加新的基本药物常常需要等到药品专利期届满,进入仿制药大规模生产阶段。例如,利培酮(Risperidone)是新一代的抗精神病药,因不良反应较轻,上市4年后,1998年首次被建议列入基本药物清单。由于当时该药仍在专利保护期内,价格昂贵而被拒绝列入清单。2008年专利到期后,利培酮及其仿制药的单价大幅度下降,目前利培酮固体口服制剂已经被列入基本药物清单之中。❷又如,用于治疗慢性粒细胞性白血病的伊马替尼(Imatinib)是诺华公司的专利药品,曾经价格非常高昂,当其在美国专利即将到期,在欧盟仿制药已获批准,药品价格预期将下降时,世界卫生组织的专家小组在2013年将其列入基本药物清单。❸

由于药品开发和上市过程漫长,且资金投入大,如果单纯依靠市场激励机制,这些投资最终都会转嫁到消费者即患者身上,因此专利保护期内药品价格居高不下,这也严重影响到针对贫困人群疾病的药品研发。世界卫生组织宏观经济学和卫生委员会(CMH)将疾病分为三类:第

❶ WHO. Essential Medicines and Health Products: Biennial Report 2012-2013, WHO/EMP/2014.1, August 2014.

❷ WHO. The Selection and Use of Essential Medicines: Report of the WHO Expert Committee[R]. 2013:79-80.

❸ ibid:45-46.

一类疾病在富国和穷国均有发现,传染病包括麻疹、乙型肝炎、B型流感嗜血杆菌等,非传染性疾病包括糖尿病、心血管疾病和吸烟引发的疾病。第二类疾病在富国和穷国都有发生,但大部分发生在贫穷国家,例如艾滋病毒/艾滋病和结核病。第三类疾病是那些绝大多数或全部发生在发展中国家的疾病,最典型的是热带病,包括登革热、非洲人类锥虫病(昏睡病)、盘尾丝虫病(河盲症)、血吸虫病等。第二类和第三类疾病,通常被称为被忽视的疾病(neglected diseases)。❶由于气候原因,上述疾病主要集中发生在贫穷国家,对高收入国家居民几乎不存在威胁,而贫困人群根本不可能承担高昂的治疗费用以支撑药品研发,因此成为被药品研究忽视的疾病。

　　事实上,不是疾病被忽视,而是疾病的患者因为贫穷而被以利益为导向的制药商所忽视。我们所面对的残酷现实是,一旦由市场来配置健康,药品研发资源在全球的分配差距将日益扩大。哈佛大学政治哲学教授迈克尔·桑德尔指出,随着金钱最终可以买到的东西越来越多,包括良好的医疗保健,收入和财富分配的重要性越发凸显出来。在过去几十年里,一切事物的商品化使得金钱变得越发重要,也使得不平等的矛盾变得更加尖锐。市场不仅在分配商品,还在表达和传递人们针对所交易商品的态度。❷一旦维持健康所必需的药品和医疗被待价而沽,那么其所代表的作为基本人权的健康权的价值就被市场所侵蚀,这就意味着健康权由市场定价,价高者得,而穷人则丧失基本的健康保障。因此,药品知识产权所涵盖的绝不仅是私人利益的分配问题和经济问题,而是道德问题和政治问题。

---

❶ WHO. Public Health, Innovation and Intellectual Property Rights: Report of the Commission on Intellectual Property Rights, Innovation and Public Health[R]. 2006:12-13.

❷ 迈克尔·桑德尔. 金钱不能买什么:金钱与公正的正面交锋[M]. 邓正来,译. 北京:中信出版社,2012:ⅩⅤ-ⅩⅥ.

二、《TRIPs 协议》的灵活性

20世纪末，当世界贸易组织将知识产权纳入其管辖范围时曾面临激烈的争论：一旦在国际贸易法框架下讨论知识产权，如何解决知识产权自身的社会价值及其蕴含的深层道德问题？尽管争论继续，乌拉圭回合结束后，经过近30年实践，贸易与知识产权之间的结合越来越紧密。

1994年《TRIPs 协议》正式生效之后，世界卫生组织会员国随即讨论了其对公众健康的潜在影响，要求世界卫生组织总干事报告WTO工作对会员国国内医药政策和基本药物应用的影响，并建议在合适的时机在WTO与世界卫生组织之间开展合作。[1]此后，在公共卫生、知识产权和贸易的交叉领域一直存在着辩论，近些年也正在达成越来越多的共识。第52届世界卫生大会（WHA）授权世界卫生组织秘书处与WTO成员展开合作，以监督《TRIPs 协议》和其他贸易协议的影响，在必要时帮助成员国制定适当的卫生政策，来减轻贸易协议的负面影响。[2]对此项决议的执行，包括建立一个世界卫生组织工作网络，以监测《TRIPs 协议》对公共卫生的影响。除此之外，世界卫生大会认识到知识产权对促进医药创新和基本药物研发的重要性，敦促成员国考虑在必要时，调整国家立法以便充分利用《TRIPs 协议》中的灵活性条款。[3]在艾滋病毒/艾滋病领域，世界卫生大会强调发展中国家基于《多哈宣言》有效利用强制许可。[4]世界卫生大会还要求世界卫生组织秘书处，在成员国提出请求时给予支持，以帮助其制定符合国际组织要求的贸易和卫生政策[5]，并根据成员国请求，

---

[1] WHA. Resolution：Revised Drug Strategy，WHA49.14，25 May，1996.

[2] WHA. Resolution：Revised Drug Strategy，WHA52.19，24 May，1999.

[3] WHA. Resolution：Intellectual Property Rights，Innovation and Public Health，WHA56.27，28 May，2003.

[4] WHA. Resolution：Global Health-Sector Strategy for HIV/AIDS，WHA56.30，28 May，2003.

[5] WHA. Resolution：International Trade and Health，WHA59.26，27 May，2006.

提供针对《TRIPs协议》灵活性条款的技术和政策支持。❶

世界卫生组织"公共卫生、创新和知识产权全球战略和行动计划（GSPA-PHI）"❷明确敦促会员国考虑实施TRIPs灵活性，包括《多哈宣言》中确认的灵活性条款，并将它们纳入本国法律。对于比《TRIPs协议》所要求更广泛的知识产权保护，世界卫生组织敦促成员国在采纳或实施该义务时要考虑到对公众健康的影响；成员国还应该在谈判其他（双边或区域）贸易协定时考虑灵活性。GSPA-PHI更新并扩大了世界卫生组织在涉及公共卫生和知识产权领域的职能，在《TRIPs协议》生效后，通过决议的方式，将上述职能赋予世界卫生组织。这项职能体现了世界卫生组织各成员国的明确愿望，即确保相关政府间组织在针对公共卫生和知识产权问题时，彼此间更密切的合作，成为迈向公共卫生、创新和知识产权实践行动全球共识的重要一步。

根据世界知识产权组织知识产权与发展委员会（CDIP）的报告❸，《巴黎公约》留给成员国的政策空间被称为"不对称性"（asymmetries）。成员在执行《巴黎公约》方面的自由源于适用国民待遇原则，《巴黎公约》未建立最低强制标准，成员国可以在自己法律中自由设定这些标准。就专利而言，根据《巴黎公约》，各成员国必须设立专利制度，但专利领域政策考虑的要点由各国政府决定。因此，各国可以在本国法律中自由设定自己的专利保护标准，这些标准同时适用于其他成员国国民。这样，如果某一国家将药品发明排除在专利保护之外，那么不论是该国国民还是其他国家国民，均不能获得药品专利。

---

❶ WHA. Resolution：Public Health，Innovation and Intellectual Property，WHA60.30，24 May 2007.

❷ WHA. Resolution：Global Strategy and Plan of Action on Public Health，Innovation and Intellectual Property，WHA61.21，24 May，2008.

❸ WIPO CDIP. Patent Related Flexibilities in the Multilateral Legal Framework and their Legislative Implementation at the National and Regional Levels. CDIP/6/REF/CDIP/5/4 REV.，18 Aug. 2010.

　　CDIP 报告指出，《TRIPs 协议》与《巴黎公约》不同，它规定了 WTO 成员必须达到的最低实体保护标准，而这些标准是在乌拉圭回合谈判时根据发达国家当时的水平设定的，因此，最低实体标准减少了回旋空间。发展中国家意识到这种"后 TRIPs 时代"的变化将减少政策空间，正在寻求对这套规则的更好理解，以便能够以连贯的方式落实协定，并利用可用的各种选项，将这些选项用于根据本国政策选择来执行协定。这些选项被称为"灵活性（flexibilities）"。

　　灵活性的选项可以简单分为两类：关于过渡期的灵活性和《TRIPs 协议》实体灵活性。其中，实体灵活性包括有资格得到保护的客体、保护的范围、保护的实质性标准、执法机制和相关行政事项。可以看出，灵活性来源于正常的条约执行行为，即可以通过不同的选择将 TRIPs 义务转化为国家法律，使国家利益得到照顾，同时 TRIPs 的规定和原则得到遵守。然而，需要清醒认识的是，大部分特殊和差别待遇条款，尤其是那些需要发达国家做出积极行动的条款，缺乏法律可执行性，因此发展中国家从相关条款中的受益极为有限。❶

三、药品专利权的限制

　　为了确保全球健康资源的公平分配和利用，《TRIPs 协议》及此后的《多哈宣言》对药品专利权进行限制，其中最重要的限制是为了公共健康目的和惠及最少受惠者的强制许可制度，以及权利用尽和平行进口制度。此外，出于药品监管审批目的的例外（Bolar 例外）允许在专利期内为获得市场准入所需的信息，在不经过专利权人同意的情况下使用该专利。这一例外充分考虑到药品监管审批常常需要耗时几年，如果等到专

---

❶ 车丕照，杜明. WTO 协定中对发展中国家特殊和差别待遇条款的法律可执行性分析[J].
北大法律评论，2005（2）：287-304.

利权届满才能使用专利技术获取审批所需信息,那么将导致仿制药延迟进入市场,不利于更多人群获得药品。目前有48个国家在专利法中规定了Bolar例外❶。❷

1. 强制许可

《TRIPs协议》谈判的出发点之一就是确保各国对药品提供专利保护,出于公共卫生的考虑,TRIPs保留了部分对专利保护客体和专利权范围的规定。2000年,当大多数发展中国家履行《TRIPs协议》实质性义务的期限到来时,发生了一起具有里程碑意义的诉讼:南非医药行业协会和所属的39家公司向比勒陀利亚高等法院提起诉讼,指控南非《药物和相关物品控制修正案》(MRSCAA)违背了《TRIPs协议》。原因在于为了降低艾滋病药品的价格,该法案授予南非卫生部长实施药品强制许可和平行进口的权利。这起诉讼引发了非政府组织和艾滋病活动家领导的运动,他们在法庭中指出南非法律的依据是WIPO的示范法。最终,医药公司于2001年无条件撤回起诉。❸这一事件经发展,最终导致2001年在多哈举行的WTO第四次部长级会议上通过《多哈宣言》。

《多哈宣言》阐明了《TRIPs协议》在促进医药应用上的一般作用,说明其具体的灵活性,确定了一个更加清晰的环境。宣言第4条确认,"《TRIPs协议》没有也不应当妨碍成员国为维护公共卫生而采取措施";因此"协议能够也应当以一种有助于成员国维护公共卫生,特别是促进所有的人获得医药的方式进行解释和实施";此外,WTO成员"有权充分

---

❶ WIPO CDIP. Patent Related Flexibilities in the Multilateral Legal Framework and their Legislative Implementation at the National and Regional Levels, Annex II.

❷ 根据中国《专利法》第69条规定:"为提供行政审批所需要的信息,制造、使用、进口专利药品或者专利医疗器械的,以及专门为其制造、进口专利药品或者专利医疗器械的"不视为侵犯专利权。

❸ DUANE NASH. South Africa's Medicines and Related Substances Control Amendment Act of 1997[J]. 15 Berkeley Technology Law Journal, 2000:491-497.

运用《TRIPs 协议》中为此而给予灵活性的条款。"

《多哈宣言》第 5 条针对《TRIPs 协议》第 31 条对"未经权利人授权的其他使用"即强制许可制度进行澄清,规定 WTO 各成员都"有权批准强制许可,并且可以自由决定批准强制许可的理由"。上述澄清消除了一个误解,即认为强制许可只能在国家紧急状态才能使用。WTO 各成员有权决定构成国家紧急状况或其他紧急情况的条件,这样政府机构可以不必首先选择与专利所有人协商以获得自愿许可。《多哈宣言》列举出可以列入紧急状况的类型,涵盖公共健康危机,包括与艾滋病病毒/艾滋病、结核病、疟疾和其他传染病有关的危机。❶

2007 年,由于与默克制药公司谈判未果,巴西对抗逆转录病毒药依非韦伦颁发药品专利强制许可。巴西政府表示,38% 的巴西艾滋病患者正在服用这种药品,颁布强制许可预计可以使得该药的单价从当时每片 1.59 美元降至每片 0.45 美元。❷除巴西之外,泰国、马来西亚、厄瓜多尔和印度尼西亚都曾对治疗艾滋病的药物颁发强制许可。强制许可并没有限于解决传染性疾病或公共健康紧急状况。2012 年年初,印度颁发了首个药品强制许可,允许本国仿制药厂商 Natco 公司生产拜耳公司拥有专利权的抗癌药物索拉非尼。印度专利法规定,专利权人应当尽最大可能在印度合理使用专利。拜耳公司通过进口向印度引进该药品,并没有在印度国内进行生产。Natco 公司曾在 2011 年 12 月向拜耳公司申请生产该药的许可,但遭到了拒绝。Natco 公司据此声称其申请符合专利法中规定的强制许可适用的所有情形,即公众对于该专利的合理需求未得到满足,或公众不能以合理的可支付价格获取该专利,或该专利未在印度领土范围内使用。印度知识产权局认同了上述理由,认为拜耳公司没有遵

---

❶ 我国《专利法》第 49 条规定,"在国家出现紧急状态或者非常情况时,或者为了公共利益的目的,国务院专利行政部门可以给予实施发明专利或者实用新型专利的强制许可。"这其中包括爆发大规模疫病的情况。

❷ 何艳霞. 巴西首次颁布药品专利强制许可[N]. 中国知识产权报,2007-6-20(4).

照执行，因此签署了强制许可。❶在 2006 年至 2008 年间，泰国对多个药品宣布政府使用，包括心脏病药品的氯吡格雷和抗癌药品来曲唑、多西他赛和厄洛替尼。❷事实上，即使没有真正授予强制许可，强制许可制度所产生的议价能力也可以作为谈判的筹码。

《TRIPs 协议》第 31 条规定的强制许可受供应国内市场的限制，潜在的出口国面临着法律障碍，《多哈宣言》适应需要，规定了惠及最少受惠者的为向最不发达国家出口进行的强制许可。《多哈宣言》第 6 条，承认对于制药企业没有制造能力或制造能力不足的 WTO 成员有可能会遇到按照 TRIPs 规定有效利用强制许可的困难，并计划随后展开工作，帮助在制药领域不具备生产能力或能力不足的国家有效利用强制许可赋予的额外的灵活性。❸根据《多哈宣言》第 6 条制度，特殊的出口许可不受限制，但要求根据强制许可生产的全部产品必须出口。2012 年，加拿大成为第一个通知 WTO 出口强制许可仿制药品的国家，一家加拿大公司获得强制许可将抗艾滋病药品出口到了卢旺达。❹由于一些国家可以通过非专利法渠道，从未实施药品专利保护的国家如印度进口仿制药，《多哈宣言》第 6 条制度在此前很少被利用。但是，随着印度开始对药品实施全面的专利保护，以及最不发达国家的过渡期临近届满，使得在将来采购新药

---

❶ 段然. 印度颁布首个药品强制许可[J]. 中国发明与专利，2012(5)：110.

❷ 何艳霞. 泰国欲对 4 种癌症药品实施强制许可[N]. 中国知识产权报，2007-11-9(4).

❸ 2008 年我国《专利法》第三次修改时，针对药品专利的强制许可新增第 50 条，规定"为了公共健康目的，对取得专利权的药品，国务院专利行政部门可以给予制造并将其出口到符合中华人民共和国参加的有关国际条约规定的国家或者地区的强制许可。"按照 TRIPs 的规定，有资格进口实施强制许可的药品的成员指任何最不发达成员，以及任何已向 TRIPs 理事会通报（无须理事会批准），表明希望使用此制度作为进口方的成员。除最不发达国家成员外，进口成员要证明其在所需药品的生产领域制造能力不足或没有制造能力；确认该药品已在其地域内授予专利权，其已经或者计划颁发强制许可。

❹ WTO. Canada is First to Notify Compulsory Licence to Export Generic Drug，4 October 2007. 参见 WTO 网站，http://www.wto.org/english/news_e/news07_e/trips_health_notif_oct07_e.htm.

的仿制药更加困难,第6条制度可能具有更大的意义。

然而,目前发展中国家以强制许可作为政策工具应对公共健康问题的情况还很少见,美国佛罗里达州立大学法学院阿博特教授曾担任多个国际组织的顾问,经他研究发现❶,造成这种情况的原因有多个:其一,《TRIPs协议》只是在近期才开始增加对专利保护的影响;第二,发达国家及其利益集团反对利用强制许可,面对反对,发展中国家需要有采取行动的有力的政治承诺;第三,一些发展中国家表示担心外国直接投资人出现对抗性反应;第四,较之采用强制许可来挑战外国专利权人,发展中国家的企业发现与他们达成共识会更加容易;第五,有效地实施强制许可还需要有行政、财政和技术能力方面的前提条件,而这些,恰好是发展中国家常常不具备的。因此,发展中国家很少利用强制许可制度的问题需要从多方面加以解决,不仅需要重视合适的法律制度建设,还需要获得资金、技术和智力等方面支持。

2. 权利用尽和平行进口

为避免产生更多的分歧,《TRIPs协议》的制定者规定,在WTO框架下解决争端时,协定中的任何条款均不得用于处理权利用尽问题。❷《多哈宣言》确认WTO各成员在符合最惠国待遇和国民待遇的前提下,有权自由地、不受干扰地建立其权利用尽体系。❸这使得WTO成员的权利用尽制度,可以在国家、地区或国际标准间进行选择。权利用尽(exhaustion)是指知识产权权利人在同意首次销售之后,不能再阻碍进一步的分销和再销售。在此情况下,权利人被认为"用尽"了他对这些商品的权利,因此权利用尽也被称为首次销售。平行进口(parallel import)是指首次投放到另一个国家的产品,通过与权利人授权渠道相平行的另一个渠道进

---

❶ FREDERICK M. ABBOTT. The Doha Declaration on the TRIPs Agreement and Public Health: Lighting a Dark Corner at the WTO[J]. 5 Journal of International Economic Law, 2002:498–499.

❷ 参见《TRIPs协议》第6条。

❸ 参见《多哈宣言》第5条d项。

口。平行进口不是经由专利权人授权的渠道进口,但并不是假冒,各国对权利用尽的规定决定了平行进口是否合法。权利用尽决定了知识产权权利人在何种程度上可以阻止在另一国市场获得授权的产品进行销售或进口。这就意味着WTO成员可以自行决定是否允许平行进口专利产品,包括医疗产品,上述行为不会被视为违背了TRIPs协议。

根据权利用尽的区域范围,可以分为国际用尽、国内用尽和地区用尽,一个国家选择在什么区域范围内专利权的权利用尽,将决定能否从价格更低的国家或地区进口(或再进口)药品,因此对促进药品应用具有重要作用。国际权利用尽意味着经权利人同意在世界上任何地方的首次销售之后,该商品上的知识产权就被用尽。截至2010年,约20个国家在其本国法中采用了专利权国际用尽制度,包括阿根廷、中国、哥斯达黎加、埃及、印度、肯尼亚和南非,以及《卡塔赫纳协定》的各方(玻利维亚、哥伦比亚、厄瓜多尔和秘鲁)。❶英国知识产权委员会在其报告《整合知识产权与发展政策》中,建议采用国际权利用尽制度,以方便发展中国家和最不发达国家应用医药;同时要建立差别定价制度,即同样的产品在发达国家价格高,发展中国家价格低,这样就需要对市场进行细分,以避免低价药品进入高价市场,发达国家需要加强自身的法律制度,以防止此类进口。❷WHO公共卫生、创新和知识产权委员会(CIPIH)也呼吁发达国家和发展中国家的价格应有所区别,建议发展中国家应继续从差别定价中获益,并保持寻求更低价格药品平行进口的能力。❸

国内用尽意味着权利用尽的适用仅限于首次销售发生在本国地域之内。在该制度下,知识产权权利人的权利用尽仅限于其同意在国内上

---

❶ WIPO CDIP. Patent Related Flexibilities in the Multilateral Legal Framework and their Legislative Implementation at the National and Regional Levels, Annex II.

❷ Commission on Intellectual Property Rights. Integrating Intellectual Property Rights and Development Policy:Report of the Commission on Intellectual Property Rights, London September 2002:41-42.

❸ WHO. Public Health, Innovation and Intellectual Property Rights:123-124.

市的产品,从而使得权利人可以阻止平行进口。约有40个国家采用国内用尽制度,包括巴西、马来西亚、墨西哥、摩洛哥、泰国、突尼斯和土耳其等。❶美国专利法并未对权利用尽规则做明确规定,在案件处理中国际用尽标准和国内用尽标准均有采用。❷地区权利用尽是指,权利人在该地区首次销售产品,则用尽该产品上的知识产权,不仅限于本国,还包括整个地区,因此本地区内不能反对平行进口。采用地区权利用尽标准的主要包括欧盟成员国、欧洲经济区(EEA)和非洲知识产权组织成员国等。

《多哈宣言》给予了WTO成员对权利用尽制度做出不同选择的自由,各国可以根据自身需求,选择适合自身发展的标准,以最好地服务于本国政策目标。在很多国家,知识产权法律并没有明确权利用尽或采取何种标准,而是将其留给法院和专利行政部门在实践中根据个案裁决。但是,与《TRIPs协议》不同,《多哈宣言》并无具体的法律条文,必须将《多哈宣言》规范的内容纳入本国知识产权法律,或者写入双边或多边的知识产权或贸易协定中才能加以落实。在美国和加拿大、摩洛哥的双边贸易协定中允许平行进口,然而,在同一时期,美国与智利、多米尼加、秘鲁、巴拿马、哥伦比亚的双边贸易协定中则排除了平行进口的适用,这样事实上限制了这些发展中家在与美国公司进行专利药品贸易时,实施平行进口的可能性。❸由于同发达国家签署自由贸易协定,或因希望加入WTO,或因各种双边谈判的压力,一些发展中国家引入了比《TRIPs协议》

---

❶ WIPO CDIP. Patent Related Flexibilities in the Multilateral Legal Framework and their Legislative Implementation at the National and Regional Levels, Annex II.

❷ MARGRETH BARRETT. The United States' Doctrine of Exhaustion: Parallel Imports of Patented Goods[J]. 27 Northern Kentucky Law Review, 2000: 920-927.

❸ HORACIO RANGEL-ORTIZ. Patent and Trademark Rights in Commercial Agreements Entered by the United States with Latin American in the First Decade of the Twenty-first Century: Divide et vinces[M]//GUSTAVO GHIDINI, RUDOLPH J.R. PERITZ, MARCO RICOLFI(eds.). TRIPs and Developing Countries: Towards a New IP World Order? [M]. Northampton: Edward Elgar Publishing, 2014: 85-86.

还要严格的知识产权保护法则,一些超 TRIPs 或 TRIPs-Plus 条款使得更多的药物在发展中国家被授予专利,有可能限制甚至阻止平行进口。[❶]

除了权利用尽,影响专利药品平行进口的重要因素还有两类:第一,是有关药品市场准入的法律法规。每种药品都可能存在不同版本,即不同剂型、规格和包装,如果某一版本药品没有获得进口国的相应市场准入,那么即使采用国际权利用尽标准,该药品也不得进口。第二,是专利所有人与分销商之间的授权合同。如果合同禁止分销商再次出口相关产品,无论专利权是否被用尽,专利权人都有权禁止此类进口。[❷]

结语:迈向卫生公平的征程

与健康权相对应,1996 年世界卫生组织与瑞典国际开发署(SIDA)合作在一份倡议书[❸]中提出卫生公平(health equity)。根据世界卫生组织的调查,在所有国家,不同社会群体间的健康状况存有很大差异。个人的健康程度如何在很大程度上受到社会因素的左右,包括教育、就业状况、收入水平、性别和种族。一个人的社会经济地位越低,其面临的健康不良风险就越高。卫生公平意味着健康机会的分配应以需要为导向,而非取决于社会特权。追求卫生公平意味着努力降低社会人群在健康和卫生服务方面存在的不公正的和不应有的社会差距,同时使得卫生系统高效运转以达到对社会全体都有利的最大程度的改善。在这份倡议书中,世界卫生组织同时指出,公平性需要被放在卫生政策议程的较高位置,从长远角度,效益与效率(effectiveness and efficiency)问题同样必须考虑。

---

❶ 萨妮亚·雷德·司密斯. 超 TRIPs 条款及其对药物可及性的影响[N]. 中国知识产权报,2007-12-5(9).

❷ WHO. WIPO and WTO, Promoting Access to Medical Technologies and Innovation:183.

❸ WHO. Equity in Health and Health Care:A WHO/SIDA Initiative,WHO/ARA/96.1,1996.

事实上,《TRIPs协议》在对药品专利权给予限制的同时,出于对效益与效率的考虑,对药品知识产权在某些方面也提供了强化保护机制,例如延长药品专利期。WTO发达国家成员在《TRIPs协议》规定的最低20年的专利期之外延长专利保护期,以补偿专利审批流程和药品准入监管造成实际市场占有时间的延误。例如,在美国如果药品从市场准入到专利期届满的市场占有期少于14年,那么最多可以获得5年药品专利延长期。❶在欧盟成员国同样如此,如果药品从获得市场准入到专利期满少于15年,则可以最多获得5年的补充保护。❷除此之外,《TRIPs协议》要求各国保护未公开的试验数据,以防止不正当商业使用❸。保护药品测试数据可以给原研药公司带来不同于专利保护的额外收益,在数据独占期间,他人无法使用测试数据,甚至药品监管部门也不能使用这些数据对其他公司的药品进行市场准入审批,这造成仿制药延迟进入市场。目前多数发达国家和部分发展中国家,规定了数据独占制度❹;大部分发展

---

❶ USPTO. Patent Term Extension for Delays at other Agencies under 35 U.S.C. 156. 参见 USPTO 网站, http://www.uspto.gov/web/offices/pac/mpep/s2750.html.

❷ EU. Regulation(EC)No. 469/2009 of the European Parliament and of the Council of 6 May 2009 concerning the Supplementary Protection Certificate for Medicinal Products, 6 May 2009.

❸ 数据专有权和专利权是两个不同类别的知识产权。《TRIPs协议》第39条针对测试数据的保护,是作为反不正当竞争的一种保护形式,规定在保护未披露信息一节中。

❹ 中国在加入WTO议定书中对药品试验数据保护问题进行了规定,承诺提供6年的药品试验数据专有权保护期。根据《药品管理法实施条例》第34条规定,"国家对获得生产或者销售含有新型化学成分药品许可的生产者或者销售者提交的自行取得且未披露的试验数据和其他数据实施保护,任何人不得对该未披露的试验数据和其他数据进行不正当的商业利用。自药品生产者或者销售者获得生产、销售新型化学成分药品的许可证明文件之日起6年内,对其他申请人未经已获得许可的申请人同意,使用前款数据申请生产、销售新型化学成分药品许可的,药品监督管理部门不予许可;但是,其他申请人提交自行取得数据的除外。除下列情形外,药品监督管理部门不得披露本条第1款规定的数据:(1)公共利益需要;(2)已采取措施确保该类数据不会被不正当地进行商业利用。"

中国家,如印度,没有设置单独的数据专有权,而是依照有关保密和反不正当竞争法的规定处理。

由此可见,任何一部法律性文件在追求公平的同时,效益与效率问题总是被同时考虑。对健康权的保障不仅来自法律,同时应该被视为卫生公平的伦理需求。这种伦理需求可能涉及法律制度的执行,但更多的是依靠个体、政府和非政府组织将公共伦理规范内部化,在国际人权法律和政策体系内加强执行和遵守健康权相关规定。❶诺贝尔经济学奖得主印度学者阿马蒂亚·森认为,对健康问题的社会关注无所不在,导致卫生公平成为理解社会分配正义的一个核心特征。因此,卫生公平需要被当作一个多维概念考察,不仅要关注健康服务分配的公平性、过程的公平性(即无歧视地提供医疗保健),还必须意识到更广泛的社会分配的公平和正义,包括经济配置问题,对卫生公平的影响。❷森在近期的研究中进一步指出,需要区分好的卫生政策(good health policy)与有利卫生的好政策(good policy for health),并解释说,追求卫生正义需要的是后者,因为公众健康依赖于广泛多元化的社会影响,卫生事业只是其中之一,不能将此孤立出来。❸

因此,应当将对药品知识产权法律和政策的评价纳入卫生公平体系内考量,将卫生公平问题纳入到对正义的整体理解中。全球化正在深刻影响和改变着国际经济和政治环境,知识产权制度也呈现出新的发展趋势。在新一轮的国际规则解释与制定中,如何"推动国际知识产权规则

---

❶ JENNIFER PRAH RUGER. Toward a Theory of a Right to Health: Capability and Incompletely Theorized Agreements[J]. Yale Journal of Law & the Humanities, 2013, 18/2: 278.

❷ AMARTYA SEN. Why health equity?[J]. Health Economics, 2002(11): 659-666.

❸ AMARTYA SEN. Foreword, in JENNIFER PRAH RUGER. Health and Social Justice[M]. Oxford: Oxford University Press, 2010: ix.

朝着普惠、包容方向发展，让创新创造更多惠及各国人民"[1]，WTO中的药品知识产权规则将是最佳突破口，也应是中国等发展中国家重点关注并参与的领域。迈向公平的征程从来不是坦途，但只要前行就会有希望。

---

[1] 李克强：推动国际知识产权规则朝着普惠、包容方向发展. [EB/OL]. http://www.gov.cn/xin-wen/2014−08/18/content_2736051.htm.

第二节　网络音乐版权政策：以多元化需求为导向

音乐产业面临来自网络技术的巨大挑战，传统的音乐版权商业模式难以满足互联网音乐发展的需求。本节*从商业化过程主导方的角度对现有音乐版权商业模式进行分类，通过研究几种典型的音乐版权商业模式的实践，指出商业模式的多元化将是互联网音乐产业发展的一种趋势。

一、传统音乐版权商业模式的困境

文化部2014年7月发布的《2014中国网络音乐市场年度报告》显示，截至2014年年底，中国网络音乐用户规模达到4.78亿人，网络音乐市场整体规模达到75.5亿元。[1]根据国际唱片业协会《2012年数字音乐报告》，2010年中国音乐市场规模达到67亿，其中网络音乐占的比重达到了71%，然而网络音乐的盗版率却惊人地高达99%。[2]

上述数据传递给我们的信息是，尽管网络音乐越来越多地抢占了传统音乐的市场份额，但是音乐版权人却无法分享网络市场这块大蛋糕。传统音乐版权模式在网络环境下面临的困境是，网络音乐市场越发达，盗版越猖獗，音乐产业发展越艰难。

---

* 本节研究资料得到清华大学法律硕士孙亮的支持，相关论点经双方研讨所得。在此说明，表示谢意！

[1] 周志军. 我国网络音乐行业加速整合[N]. 中国文化报，2015-7-9(2).

[2] IFPI. Digital Music Report 2012：Expanding Choice. Going Global，2012：23.

如果说,音乐版权在P2P(Peer to Peer)技术产生前,尚能在现有著作权保护模式的夹缝中生存,那么,P2P技术就是这夹缝的终结者。所谓P2P即对等计算或对等网络,可以简单地定义成通过直接交换,共享计算机资源和服务。❶有了该技术,消费者和创作者无须再到网络服务商的服务器中下载或上传音乐作品,完全可以依赖自己的计算机进行音乐作品的发布、复制、分享等操作。因此,几乎每一位网民都可以参与其中,阻止音乐盗版就变得更加困难。

有学者认为,传统意义上的版权制度是一种建立在媒体稀缺前提下的专家法律制度,且法域特征明显,而网络技术的发展正在颠覆现有著作权法的基本特征。❷以音乐版权为例,首先,制作稀缺已经不现实。前网络时代,音乐作品需要依附于一定的载体,大量复制、传播的成本较高,这就阻止了他人进入音乐发布领域。唱片公司得以充分利用对版权的垄断获得利益。然而网络时代,音乐脱离了实物载体的限制,复制、传播的成本极低,唱片公司无法再制造这种稀缺性。其次,是对专家法律的突破。前网络时代,著作权实质规范的是企业行为,普通消费者不在其规制的范围之内。企业利用版权法赋予的权利来获得交易机会,普通消费者甚至作品创作者很少关心版权问题。但是,网络让全民都参与到版权行动中。比如,一首歌曲在网上发布之后,任何人可以轻易地复制、分享、传播,版权就和参与其中的每个人都产生了关联。最后,因为网络本身就没有国界,所以法域的特征同样被改变了。在作品有实物载体时,可以通过海关、边防等进行限制。当作品脱离实物载体通过网络传播时,任何地域的作品可以轻易地被找到。

放眼全球,从传统音乐产业来看,全球大型唱片公司现在只剩下索尼、环球和华纳三家,实体唱片发行的萎缩已成大势所趋,然而苹果

---

❶ 张文,赵子铭. P2P网络技术原理与C++开发案例[M]. 北京:人民邮电出版社,2008:3.

❷ 吴伟光. 版权制度与新媒体技术之间的裂痕与弥补[J]. 现代法学,2011(3):56.

iTunes音乐商城却成为后起之秀。传统音乐产业要想在基于P2P技术的网络环境下生存,必须转型找到一条适合在网络环境下发展的道路。物竞天择,适者生存,拒绝转型就意味着被淘汰。互联网带给传统音乐产业的挑战,其实质就是倒逼传统音乐的商业模式转型,更进一步说,就是要创新音乐商业模式,使音乐产业能适应网络环境。

二、网络音乐版权的典型商业模式

近两年,中国网络音乐市场也正在发生一些积极变化。2014年,中国网络音乐行业对正版音乐版权的购买和维权活动十分活跃。一方面,各大互联网企业纷纷购买音乐产品(节目)的独家授权;另一方面,许多企业选择通过法律诉讼解决音乐版权纠纷,维护自身权益。❶与之相应,国际唱片业协会在《2014年数字音乐报告》❷中同样指出,中国音乐产业的前景正在发生变化,在过去的两年中,唱片公司和一些独立音乐人已经向中国8家主要的在线音乐服务提供授权,而在此之前,在线音乐服务大都涉嫌侵权。

可以预见,围绕网络音乐版权的市场竞争也将日趋加剧。音乐版权人已经尝试了众多商业模式,下文根据主导方的不同,将商业模式划分为唱片公司主导模式、第三方主导模式和音乐创作者主导模式三类。通过对几种典型商业模式实践的研究,探寻适合网络环境音乐产业的未来选择。

1. 唱片公司主导模式

唱片公司主导模式是指,唱片公司作为音乐版权的主体,通过唱片公司授权,使消费者获得合法授权的音乐作品,整个授权的过程由唱片

---

❶ 周志军. 我国网络音乐行业加速整合[N]. 中国文化报,2015-7-9(2).

❷ IFPI. Digital Music Report 2014:Lighting up New Markets,2014:36.

公司主导。这一商业模式的特点是，唱片公司拥有丰富的音乐资源，凭借其对音乐版权的控制，直接与网站和手机运营商合作，做到对发行渠道的控制。这在一定程度上遏制了盗版，实现了唱片公司、音乐人和第三方平台的共赢。但是，随着P2P技术的发展，消费者可以随意上传、下载、分享音乐，此时，唱片公司就不可能再继续控制发行和传播的渠道。

北京太合麦田音乐文化发展有限公司就是一个典型，该公司成立于1996年，拥有沙宝亮、阿朵、黄征、朴树等在内的五大品牌20余组强大的艺人阵容。到2003年，太合麦田除了经营自己的400多首版权歌曲外，还凭借版权梳理能力和服务提供商资源的两大优势为海内外唱片公司代理近2600首歌曲。❶

2. 第三方主导模式

第三方主导模式是指，第三方（音乐网站、音乐商城、手机运营商、门户网站等）首先从唱片公司或音乐创作者处获得版权，再授权消费者使用音乐作品。

这一商业模式的特点是，第三方可以有效利用自身平台优势吸引消费者，同时收费的方式灵活多样，可以满足不同消费习惯。

（1）音乐网站主导模式。

典型案例是"九天"音乐网。"九天"成立于1999年，号称是国内最大最权威的正版音乐网站，提供超过75万首曲目的正版网络音乐和原创、翻唱音乐。该网站先后同环球、百代、索尼、华纳、滚石等知名唱片公司及其他数百家唱片公司合作，获得其音乐作品的授权，然后对这些正版音乐进行二次授权。❷

"九天"音乐网的运营方式是免费加收费，网民可以登录九天网进行正版音乐的在线试听，但只有网站会员才能下载音乐。网站会员需要付

---

❶ 太合麦田入选最佳商业模式[EB/OL]. http://ent.163.com/06/0728/14/2N4IF7NE00031H0O.html.

❷ 九天音乐网简介[EB/OL]. http://www.9sky.com/intro/index.htm.

费，会员可以选择单曲付费方式，也可以选择包月付费方式。同时，根据是否付费，对授权内容进行区别；此外，该种模式已经注意到网络分享性的特点，通过免费试听满足网民的基本音乐享受需求。

（2）音乐商店主导模式。

典型案例是"京东"商城网络音乐。2012 年 11 月"京东"商城网络音乐上线，为用户提供多样化的服务形式，既有网络音乐及周边产品的付费下载，也有网络音乐与传统商品的联合销售，还可以使用积分换购网络音乐。❶京东商城有数千万的注册会员，作为购物网站，"京东"的会员一般都习惯网上付费购物，京东音乐商城试图将习惯于免费获取音乐的消费者，向付费下载音乐方向引导。该音乐商城的最大特点是，提供高品质的音乐，但价格却不到唱片的 1/3。这种运营方式学习了苹果公司的 iTunes 音乐商店，在 iTunes 音乐商店，每一首单曲售价 0.99 美元，由苹果公司和音乐版权人共享该收益。

（3）手机运营商主导模式。

典型案例是"咪咕音乐"（原 12530 网站）。"咪咕音乐"是中国移动旗下的音乐门户，由中国移动无线音乐基地运营，主要负责为中移动 31 省市分公司所有移动客户提供彩铃业务。2013 年，"咪咕音乐"的用户规模超过 4.5 亿，特级会员人数突破 5000 万。❷中移动通过与唱片公司、音乐作品创作者合作，获取音乐作品之后，对音乐作品进行重新包装形成各式各样风格的彩铃，然后授权销售给手机用户。手机运营商主导的商业模式，杜绝了盗版彩铃的泛滥。

3. 音乐创作者主导模式

音乐创作者主导模式是指，音乐创作者作为音乐版权的主体，主导整个授权过程，由音乐创作者授权消费者获得合法授权的音乐作品。

---

❶ 京东数字音乐[EB/OL]. http://music.jd.com/.

❷ 咪咕音乐[EB/OL]. http://music.migu.cn/.

（1）音乐创作者主导，消费者参与的商业模式。

2010年1月19日上线的"最地带"音乐网站是一个网络音乐版权交易平台，实质是将音乐作品的版权证券化，部分授权给用户，以期为原创音乐人提供更优化的版权收益解决方案。其具体的运营模式是音乐人上传、发行自己的音乐作品，将音乐作品部分版权分割出售，由歌迷自由购买版权权益。音乐人提前获取版权收益，歌迷通过购买版权投资喜欢的音乐，支持音乐人，并且可以按照所购买版权的比例获得音乐作品经营带来的收益。❶即一个音乐作品发布后，版权被分成若干份，购买者可以选择购买的份数。每一份额的持有人作为该作品的共同版权人。当该作品成功上市交易后，份额持有人就可以在"最地带"音乐平台上出售自己持有的份额。音乐作品的原创者可以同时作为版权的份额持有人。

版权人通过将版权分割，部分授权给不特定的主体。如此，以前的盗版使用者成了版权者，且版权人的数量相当庞大，这样将有利于音乐版权的保护。截至目前，这一商业模式尚未得到大众的认可。

（2）完全音乐原创者主导模式。

随着P2P技术的发展，音乐原创者可以通过网络平台（如社交平台微博、微信等）直接将正版音乐作品授权给消费者。音乐原创者一对一地将版权授权给消费者，越过音乐网站，甚至可以根本不需要唱片公司，自行制作完成整个音乐作品。随着技术的进步，未来的音乐制作、发布将不再可能出现唱片公司一家独大的局面，人人都可以制作属于自己的音乐。换句话说，人人都是版权人。每个人都可以通过P2P商业模式将自己的音乐授权给其他人，并从中获利。

现实中已经出现了这种商业模式的成功范例。2014年8月29日，张杰的新歌《很奇怪我爱你》通过新浪微博的微音乐平台发售，试听超过570万次，正版下载人数4.9万，单笔最高付费2万元（单曲2元起售，上不

---

❶ 最地带音乐网站首批作品交易[N]. 京华时报，2010-2-16（9）.

封顶）。[1]歌曲上线50天后，试听超过683万次，微博转发超过38万次，评论超过27万条。[2]

粉丝经济加社交网络开创了新的付费下载方式，本质是版权人对每一个付费用户进行授权。该方式最早在2013年曾出现过，例如华晨宇的 *Why Nobody Fights*、张阳阳的《回家路上》等歌曲的发布就采用了该种方式。在美国也有类似模式，有学者称为"艺术家对歌迷"模式[3]，即艺术家创作作品后，直接发布并授权用户，省去唱片公司、音乐网站的授权环节。该方式最大的特点是，艺术家可以获得绝大部分收益，对音乐原创者特别有利。

三、网络音乐商业模式的多元化

以上从音乐授权主导方的角度，对音乐商业模式实践进行了分类介绍，下文将结合直销理论和长尾理论对上述模式进一步剖析，并结合我国国情进行分析，试图寻找一条适合在网络环境下健康发展的音乐版权多元化的商业模式之路。

传统的音乐产业中，由于发行渠道有限，发行成本较大，人们获得音乐的主要方式是购买唱片。此时，唱片公司控制着主导权。然而，在数字网络环境下，音乐作品的创作者可以绕过唱片公司，直接通过专门的音乐网站或者社交网站等网络平台发布音乐作品。这就意味着，音乐原创者可以绕过所有中间授权环节，通过网络平台直接将音乐作品的版权授权给音乐的消费者。在经济学上，这种商业模式称为直销。直

[1] 一首歌告诉你张杰有多红[N]. 新京报，2014-9-2(4).

[2] [EB/OL]. http://weibo.com/p/10151501_2857819.

[3] 梅夏英，姜福晓. 网络环境中著作权实现的困境与出路——基于P2P技术背景下美国音乐产业的实证分析[J]. 北方法学，2014(5)：54.

销又名"无店铺销售",是不通过商场或零售店直接向消费者推销产品的销售方式。❶

音乐原创者主导的商业模式,就是采取了这种直销的方式,省去中间的层层授权,直接将版权授予作品的消费群体。2012年中国唱片工作委员会的一份研究结果显示,中国网络音乐的总价值高达约300亿元,但是其中权利人参与分配的份额不到3%。❷这种方式最大的优点是大大增加了音乐原创者的收益,解决了音乐原创者在利益分配中的弱势地位问题。利益向音乐原创者倾斜,可以激发音乐人进行作品创作的热情。尤其在目前中国的网民习惯于享受免费音乐的大环境下,这种由音乐原创者主导的商业模式,因其直销方式降低了音乐作品的售价。低售价高品质的营销策略,在一定程度上也有利于遏制盗版的泛滥。值得关注的是,美国的"艺术家对歌迷"模式并没有发展成为一种主流的商业模式,在中国这种商业模式的前景如何尚不可知,但整体而言是乐观的。一个根本的原因是庞大的网民数量,截至2014年6月,我国网民规模达6.32亿元。❸所以,我国的消费市场足以支撑起这一商业模式。

同样,网络时代,长尾理论应运而生。安德森提出"长尾理论",他认为如果把足够多的非热门产品(小众市场)组合到一起,实际上就可以形成一个堪与热门市场相匹敌的大市场。❹根据这一理论,即使第三方主导和唱片公司主导的商业模式是针对小众市场,比如买唱片的人很少,网上付费购买音乐的人很少,但是可以针对不同的人推出不同形式的音乐作品。在网络环境下,这种不同形式的音乐作品的形式可以做到无限,尽管每个市场所针对的群体有限,但是因为可以细化的市场众多,

❶ 刘金章.直销学概论[M].南京:东南大学出版社,2012:1.

❷ IFPI. Digital Music Report 2014:Lighting up New Markets,2014:36.

❸ 中国互联网信息中心.第34次中国互联网络发展状况统计报告[R].2014:4.

❹ 克里斯·安德森.长尾理论[M].乔江涛,译.北京:中信出版社,2006:11.

所有小众市场加起来则会形成一个庞大的消费群，因此利润仍可以得到保证。

综上所述，唱片公司主导模式、第三方主导模式、音乐原创者主导模式，都有其存在的必要和生存的土壤，需要根据不同的音乐作品形式和音乐作品所处的不同时段，选择恰当的商业模式，使各个商业模式形成一个有机的系统，才能有利于音乐产业的发展。

对音乐的首次发布，可以采取音乐原创者主导的商业模式。音乐人可以借助唱片公司、网络平台等进行一系列营销活动，吸引粉丝及音乐爱好者的关注。这部分消费者因为支持偶像或为了第一时间享受到音乐，会付费下载相关的音乐作品。这部分版权收入，绝大部分会流入音乐创作者一方。

音乐作品首次发布后，为了进一步挖掘音乐作品的商业潜力，就有必要进行深度加工。比如，唱片公司可以针对音乐收藏者或对音乐作品有特殊需求的专业人士制作唱片、MV 等。对于此类音乐作品可采用唱片公司主导模式。再者，手机运营商可以制作成铃声，网络商城可以将音乐作品进行汇总形成不同风格的网络专辑进行销售。唱片公司和网络平台可以对音乐进行个性化的优化，满足不同消费者的需求，以实现创造利润。

结语：多种商业模式并存将是一种趋势

网络环境给音乐版权带来了巨大的挑战。传统的音乐版权制度，在新技术的条件下显得无所适从。面对网络盗版的冲击，音乐产业积极寻求各种方式来遏制和打击盗版，但依然收效甚微。此时，不妨换一下思路，与其用各种方式对盗版围追堵截，不如创新商业模式，让更多的正版音乐流入市场。音乐版权好比一座大坝,面对盗版洪水的来袭,不仅要加固大坝,还要想办法疏通下游河道,将洪水顺利引向下游。所以,未来音乐产业的健康发展的关键就是找出适合网络环境的音乐版权商业模式。显然,单一的商业模式很难适应网络环境的发展要求,音乐版权多种商业模式并存将是一种趋势。

第三节　低碳技术共享专利池政策:
以绿色发展为导向

　　本部分基于对低碳技术和绿色专利的研究,以广东省和香港特别行政区为例,指出绿色专利在专利许可制度上的创新性。依据对低碳技术及其发展态势的分析,进而对低碳专利池构建提出建议。第一,在企业间构建低碳技术共享专利池,即通过分享创新技术和解决方案来支持企业的可持续发展以达成共同利益;第二,通过政府收购或出资的方式形成有利的许可环境,即由政府采购部分或全部买断某些低碳技术专利权,构建公益性共享专利池对相关技术加以推广使用。

一、低碳技术与绿色专利

　　随着环境问题日益凸显,"低碳"已成为全球最受关注的议题之一,低碳技术、低碳经济的热潮也随之而来。在联合国环境规划署、联合国开发计划署和世界知识产权组织等多个国际组织的官方文件中已频繁出现低碳技术(Low-carbon Technology)这一概念。与此相关的概念还有很多,2009年6月世界贸易组织和联合国环境规划署首度联合发布《贸易与气候变化报告》[1],分析了应对气候变化的多边努力及各国应对气候变化的政策和贸易措施。该报告指出,气候友好型技术的创新、转让和广泛使用将成为全球应对气候变化挑战行动的中心。这里所说的气候友

---

[1] Trade and Climate Change: Report by the United Nations Environment Programme and the World Trade Organization , UNEP and WTO , 2009.

好型技术（Climate-friendly Technology）即涵盖了低碳技术。

近些年，常常与低碳技术一同出现的另一个概念是绿色技术（Green Technology）。根据2009年2月联合国环境规划署和全球部长级环境论坛的文件，绿色经济优先部门包括：清洁和可再生能源技术领域、生物多样性行业（涵盖农业、林业、海产和生态旅游等）、生态基础设施（包括自然保护区）、废物处理和回收行业、低碳城市、低碳建筑物和低碳运输等领域。❶因此，绿色技术涵盖了清洁能源、可替代能源、废物回收、水净化、污水处理、环境治理、固体废物管理、节能技术、可再生能源及减排等多个领域。两者比较，可以看出低碳技术是绿色技术的重要部分。绿色技术是为了保护自然生态和资源而对环境科学的应用，以消除人类参与导致的负面影响，其目标是确保环境的可持续发展。低碳技术的根本目标是减少碳排放，属于环境无害技术（environmentally sound technology），其目标与绿色技术确保环境可持续发展是完全一致的。

更准确地说，可以将低碳技术分为三类：第一类是减碳技术，指高能耗、高排放领域的节能减排技术，即节约能源、降低能源消耗、减少污染物排放的技术，包括煤的清洁高效利用、油气资源和煤层气的勘探开发技术等。第二类是无碳技术，即新能源或可替代能源技术，指对核能、太阳能、风能、生物质能等可再生能源进行开采和利用的技术。第三类是去碳技术，典型的是碳捕捉和存储技术（CCS技术），该技术将二氧化碳分离并将其输送、压缩并密闭封存到地下，以免二氧化碳进入大气产生温室效应。

为了减少碳排放，《联合国气候变化框架公约》及《京都议定书》创建了全球碳市场和相关新的国际机制，并积极推动各国国家政策的出台。但是，如果没有大量的针对性投资和低碳技术的及时转让及推广，将很

---

❶ Twenty-third Session of Governing Council of the United Nations Environment Programme/Global Ministerial Environment Forum, Nairobi, 21 25 February 2005。载"联合国环境规划署官方网站" http://www.unep.org/GC/GC23/.

难实现大规模的减排。因此,低碳技术的有效利用机制对于实现减排目标将起着关键作用。而专利制度不仅对技术创新具有激励作用和保障作用,同时也是技术成果商业化的制度保障。针对包括低碳技术在内的绿色技术,目前世界知识产权组织和世界主要谋求在环境保护领域做出创新的国家(如美国、欧洲多国、中国、日本和韩国等)正在探索建立一套绿色专利(green patent)制度。

二、绿色专利许可的新探索

绿色专利以发明为主,在专利权的授予条件、保护期限、权利内容和侵权判定上与普通专利并无两样,特殊性主要体现在专利申请授权的程序以及专利技术的许可制度上。为了解决专利申请中常见的审查和授权程序复杂、耗时漫长的问题,保证绿色技术的开发者及早获得专利,加速环保产品和服务的上市时间,多个国家已针对绿色专利设计了特别的申请程序。例如,英国于2009年起,对于绿色技术可以申请加速审查,进入所谓绿色通道,这样平均耗时2至3年的专利申请,最快只需9个月即可获得授权。韩国根据新修改的《专利法》,从2009年起对绿色技术专利申请的处理速度最高能提速1.5~3倍。美国于2006年开始适用新的加速审查程序,涵盖对改善环境质量、节约能源及开发可替代能源有影响的技术,根据此程序在12个月内完成专利申请审查,周期同以往相比可最多缩短3/4。❶

我国从2012年8月1日施行《发明专利申请优先审查管理办法》,为绿色技术的专利申请建立了一条专利审批快速通道,对于涉及节能环保、新能源、新能源汽车等技术领域,以及涉及低碳技术、节约资源等有

---

❶ 有关绿色专利审查程序改革的详细论述,参见何隽. 从绿色技术到绿色专利——是否需要一套因应气候变化的特殊专利制度? [J]. 知识产权,2010(1):38-39.

助于绿色发展的专利申请,符合条件的可以予以优先审查,自优先审查请求获得同意之日起一年内结案。这样就大大加快了绿色专利申请的审批程序。

多年来,知识产权学界一直存在这样的争论,即知识产权,特别是专利的保护,究竟是妨碍还是促进了技术转让。因为专利保护越强,竞争者从该专利权包含的信息中获得的利益就越少,因为他们能够从中利用的可能性越小。他们在对该专利进行周边发明时将面临更大的困难与更高的成本,在侵犯专利权的诉讼中面临败诉的概率更大,以及一旦败诉后面临的制裁更严厉。❶知识财产权是一种奖励,或者更精确地说,是在市场中获得某种奖励的机会。这种奖励可以激励个人去生产有益于社会的新信息。但是,由于知识财产的持有人被赋予限制他人接触这些信息的权利,因此,这种特别鼓励生产的保护同时又阻碍了实施保护的目标,即阻碍了知识的传播。这就构成了知识财产权经济学中一个自相矛盾的问题。❷

由于专利权而导致技术垄断,产生过高的交易成本,成为投资者和生产者市场准入的障碍,并可能对后续技术创新产生威胁。为了解决绿色专利许可中遇到的问题,特别是针对专利授权中许可费用过高、实施条件复杂的问题,目前一些具有远见和探索精神的公司在这个领域进行了共享专利和开放专利的尝试。

1. 专利共享

2008年1月,IBM公司与世界可持续发展工商理事会合作,协同多家公司设立了"生态专利共享计划"(eco-patent commons),当时首次向公共领域开放了数十项环保专利。该共享计划旨在促进环保技术的利用、实施和后续开发;提供技术分享的轻松平台;并鼓励企业间对环保技术方

❶ 兰德斯,波斯纳. 知识产权的经济结构[M]. 金海军,译. 北京:北京大学出版社,2005:380-381.

❷ 德霍斯. 知识财产法的哲学[M]. 周林,译. 北京:商务印书馆,2008:134.

案的合作利用和开发。截至 2013 年 10 月，全球 11 家代表不同行业的公司已经加入该专利共享计划，包括博世、陶氏化学、富士施乐、惠普、诺基亚、理光、索尼和施乐公司等，开放的专利约 100 项，这些专利主要是直接解决环境问题或具有环境效益的制造业或商业领域方案。❶

"生态专利共享计划"向全球所有企业或组织开放，不区分行业，只要其所提供的专利能够提高环境效益；同时，共享计划中的专利对所有人开放，任何企业或组织都可以无偿使用这些专利。这就意味着生态专利共享计划提供了一个全球任何组织和个人自由加入、自由分享、自由使用相关专利的平台。在某种程度上"生态专利共享计划"承袭了"知识共享计划"（creative commons）的自由传播理念。"知识共享计划"提供了一个创作者共享作品并据此创作的平台；"生态专利共享计划"则提供了一个独特的绿色专利许可和使用的平台。

2. 专利开放

在专利共享的基础上，新能源汽车领域又出现了专利开放的新动向。2014 年 6 月，电动汽车设计和制造商特斯拉宣布将开放其专利技术，即对于那些使用其专利技术的公司，特斯拉不会发起专利侵权诉讼。特斯拉宣布开放的专利中包括了电池动力系统专利及电池系统与汽车其余部分如何整合的专利，这些专利帮助特斯拉率先降低了电池成本，增加了电池的安全性、提高了电池的充电速度。亦即，这些专利都是特斯拉的竞争优势，主动开放这些专利就等于将自己的竞争优势拱手让给了竞争对手，这种做法完全突破了以往对公司研发和获取专利的初衷，即以专利为对手设置障碍并提高自身竞争力。

但是，特斯拉的经营者反其道而行之，他们认为开放专利将构建一个全球电动汽车的通用的技术平台，只有这样才能使电动汽车制造商围绕一个开放的、共同的标准进行开发，突破原有市场规模的限制；同时由

---

❶ 参见 http://ecopatentcommons.org.

于可以免费使用其专利,这样将便于创建共同的基建标准,还能给自身带来更多的重量级合作伙伴。[1]从这个角度说,现阶段特斯拉将自己的竞争对手定位为占市场绝大多数份额的传统汽油汽车制造商,而不是其他电动汽车制造商。这种以开放专利,换取共同做大市场份额的做法,可以认为不仅是特斯拉的一种市场竞争策略,也包含了企业对社会的某种责任感。

三、低碳技术及发展态势

根据研究人员对全球低碳专利发展态势的分析[2]:1990年至2009年全球低碳专利约有专利11万余件,其中太阳能、先进交通工具、建筑和工业节能相关技术领域的专利文献量占总检索量的76%。在我国申请的专利中,建筑、工业节能技术领域申请的专利占有较大比重,与世界低碳技术专利申请分布相比,先进交通工具技术领域申请量偏少。

这种情况随着2010年我国将新能源汽车产业确定为战略性新兴产业重点发展方向之一有了明显改善。全球范围内,日本、美国在新能源汽车各技术领域专利申请量均占据前两位;中国申请人在刺激政策的作用下奋起直追,截至2011年,在混合动力汽车、纯电动汽车和动力电池这三个领域的全球原创申请量(原创申请量是指按专利申请的首次申请来源国统计的专利申请数量,是反映一国在该领域研发实力的重要参考指标)中国已进入全球前五名。这三个领域也正是广东在新能源汽车产业中的优势技术领域,从国内申请来看,在混合动力汽车领域,广东239件,位居第一,占该领域国内申请量的12%;纯电动汽车领域,广东426件,位

---

[1] 相关报道,参见华尔街见闻. 特斯拉公开专利背后的秘密[EB/OL]. http://wallstreetcn.com/node/95021;刘彬彬. 特斯拉分享专利的反向思维[EB/OL]. http://auto.qq.com/zt2014/insight21/index.htm.

[2] 陈可南. 全球低碳技术专利发展态势分析[J]. 科学观察,2011(3):44-50.

居第三,占11%;动力电池领域,广东456件,位居第一,占18%。❶

根据《战略性新兴产业发明专利统计分析总报告》,2012年,节能环保产业发明专利授权量广东989件(全国第三)、香港22件;新能源产业发明专利授权量广东269件(全国第三)、香港14件;新能源汽车产业发明专利授权量广东124件(全国第一)、香港3件(参见表3-1)。❷其中节能环保产业包括高效节能产业、先进环保产业和资源循环利用产业;新能源产业包括核电产业、风能产业、太阳能产业、生物质能及其他新能源产业和智能电网产业;新能源汽车产业包括新能源汽车整车制造、新能源汽车装配、配件制作和新能源汽车相关设施及服务。从全国范围来看,北京、广东、江苏在战略新兴产业发明专利领域居全国领先地位。❸

表3-1　2011—2012年七大战略性新兴产业粤港发明专利授权量(单位:件)

年份	地区	节能环保	新一代信息技术	生物	高端设备制造	新能源	新材料	新材料新能源汽车
2011年	广东	679	3218	779	213	153	562	63
	香港特区	11	39	25	6	2	0	0
2012年	广东	989	3232	1060	222	269	864	124
	香港特区	22	64	31	5	14	0	3

相关数据来源于《战略性新兴产业发明专利统计分析总报告》,2013年。

---

❶ 国家知识产权局规划发展司.专利统计简报:新能源汽车产业专利态势分析报告[R].2011(18).

❷ 国家知识产权局规划发展司,中国专利技术开发公司.战略性新兴产业发明专利统计分析总报告[R].2013:32.

❸ 同❷,1.

　　2010年7月,国家国家发展和改革委员会启动首批包括广东、深圳在内的5省、8市"国家低碳省和低碳城市试点",试点省和市需要将应对气候变化的工作全面纳入本地区"十二五"规划中;制定支持低碳绿色发展的配套政策;加快建立以低碳排放为特征的产业体系;建立温室气体排放数据统计和管理体系;积极倡导低碳绿色生活方式和消费模式。特别是针对建立以低碳排放为特征的产业体系,试点地区要结合当地产业特色和发展战略,加快低碳技术创新,推进低碳技术研发、示范和产业化,积极运用低碳技术改造提升传统产业,加快发展低碳建筑、低碳交通,培育壮大节能环保、新能源等战略性新兴产业。同时要密切跟踪低碳领域技术进步最新进展,积极推动技术引进消化吸收再创新或与国外的联合研发。❶

表3-2　广东省"十二五"应对气候变化主要指标表

类别		指标	2010年	2015年
减缓气候变化	低碳约束	单位生产总值二氧化碳排放降低(%)		19.5*
	结构调整	现代服务业增加值占服务业增加值比重(%)	54.8	60
		非化石能源占一次能源消费比重(%)	16.1	20
	节能降耗	单位生产总值能源消耗降低(%)	16.4*	18*
		能源消费总量(亿吨标准煤)	2.69	3.4
	低碳建筑	绿色建筑建成面积(万平方米)	326.6	4000
		既有建筑节能改造面积(万平方米)	532	1900
		可再生能源建筑应用面积(万平方米)	1271.66	2000

---

　　❶ 国家发展改革委. 国家发展改革委关于开展低碳省区和低碳城市试点工作的通知. 发改气候〔2010〕1587号. [2010-7-19].

续表

类别	指标		2010年	2015年
减缓气候变化	低碳交通	城际轨道交通营运里程（千米）		385
		新能源汽车推广应用规模（万辆）		5
	森林碳汇	森林面积（亿亩）**	1.55	1.60
		森林蓄积量（亿立方米）	4.32	5.51
		森林覆盖率（%）	57	58

注：*为五年累计数。

**非国际单位

　　广东省对于以应对气候变化工作引领产业结构调整、节能减碳、可再生能源发展、生态保护建设等工作有明确的目标和清晰的工作线路图。根据《广东省应对气候变化"十二五"规划》[1]，到2015年，单位生产总值二氧化碳排放比2010年降低19.5%，初步建立应对气候变化的体制机制，应对气候变化理念成为全社会广泛共识，减缓和适应气候变化工作取得显著成效（参见表3-2）。到2020年，努力实现全省单位生产总值二氧化碳排放比2005年降低45%以上。基本建立应对气候变化的体制机制，低碳生产、生活方式成为全社会的自觉行动，生态环境得到显著改善。

　　结合产业发展重大技术需求，构建与国际接轨的应对气候变化的科技支撑体系是《广东省应对气候变化"十二五"规划》重要特点。控制温室气体排放，涉及大量的低碳技术，包括低碳建筑技术、智能化物联网技术、推广精准耕作技术、富氧燃烧技术、有色金属冶炼短流程生产工艺技术等。因此需要加快研发重点领域适应气候变化技术；加强政产学研有效结合，支持企业、高校、科研院所建立应对气候变化技术创新平台，推进重要关键技术的示范应用。

---

[1] 广东省发展改革委. 广东省应对气候变化"十二五"规划. 粤发改资环〔2014〕54号[2014-1-26].

结语：低碳技术共享专利池的构建

在低碳技术领域，广东的专利申请量和授权量均处于国内的领先位置。香港因为其特殊的专利制度，其专利只有部分显示在国家知识产权局的统计数据中。香港现有的专利制度是根据1997年6月27日起施行的香港《专利条例》而实施的，包括标准专利（standard patents）和短期专利（short-term patents）两种。申请人如果要获得香港的标准专利，必须首先通过中国国家知识产权局、欧洲专利局（指定英国专利局）或英国专利局的实质审查并获得授权，才可以在香港注册，从而获得20年专利期保护。短期专利则可以直接在香港提出专利申请，无须经过实质审查，获得8年专利期保护。在实践中，由于只有经过实质审查的专利申请，才能获得符合国际通行标准的相对稳定和长期的专利保护，因此标准专利的申请量远大于短期专利的申请量。短期专利的申请人主要来源于香港本地，适用于对短期产品提供快速和廉价的专利保护。

鉴于香港现有的两种专利类别并不能很好地满足专利申请人的需求，香港特别行政区政府2013年2月公布了香港专利制度改革的意向，其中最重要的是在现有的标准专利基础上增加"原授专利（original grant patent）"。❶计划引入的原授专利制度，允许申请人直接向香港知识产权署提出申请，而无须首先向另一个专利局提出申请，由知识产权署处理实质审查（包括由本署自行审查或者委托给其他专利机构进行审查），根据实质审查的结果进而决定是否授予专利权。这样就可以鼓励和便于在港专利申请，以简便和优化的方式，使申请人在香港获得具有国际水平的专利保护。❷

根据香港知识产权署的报告，2010年，香港共递交11702件专利申

---

❶ 香港专利改革：拟增设"原授专利"制度[J]. 中国专利与商标, 2013(2): 67.

❷ 姜华. 香港未来可望引入"原授专利"制度[J]. 中国专利与商标, 2014(1): 84-85.

请,其中56.9%指定局为中国国家知识产权局(欧洲专利局40.1%,英国专利局1.8%),同年被授权的标准专利5353件,其中65.4%基于中国国家知识产权局的实质审查(欧洲专利局32.2%,英国专利局2.4%)。❶这就意味着中国国家知识产权局发明专利授权数据库中检索到的香港的原创专利约占香港全部专利总数的约60%,并不是香港原创专利的全部。因此如果粤港地区在低碳技术领域构建低碳专利共享专利池,其中涵盖的将不仅有中国专利局的专利,还包括欧洲专利局和英国专利局授权的专利。

1. 构建企业间低碳专利共享专利池

作为全球经济最有活力的地区之一,珠三角地区企业在知识产权管理和保护方面一直具有创新性。因此建议在粤港企业间构建一个独特的绿色专利许可和使用模式,即通过分享创新技术和解决方案来支持企业的可持续发展,使企业获得与众不同的领导力,也为企业和其他实体提供一个机会,使其能够达成共同利益,在深入开发专利技术方面及其他领域建立新的合作关系。

专利共享计划承认某些专利属于一个公司的珍宝,为该公司提供了战略性的特点或优势。因此,共享计划并不会要求相关公司放弃自己的核心资产。但是,知识和技术的共享能够提供协作和创新的新的沃土,对生态专利的共享能够帮助更多的企业以一种更环保、更可持续性的方式发展,并且将科技创新与社会创新相结合。❷

2. 构建政府出资的低碳专利池

粤港政府间的知识产权合作由来已久,广东省、香港特区及澳门特区多个政府部门,包括广东省知识产权局、广东省工商行政管理局、广东

---

❶ Commerce and Economic Development Bureau. Intellectual Property Department：Review of the Patent System in Hong Kong,2011：2.

❷ The Eco-Patent Commons：A Leadership Opportunity for Global Business to Protect the Planet, October 2013：2.

省版权局、香港知识产权署及澳门经济局知识产权厅合作开发了"粤港澳知识产权资料库"。在低碳技术领域，可以考虑通过政府收购或出资的方式形成有利的许可环境。

加强粤港知识产权合作，深化粤港在知识产权方面的合作❶是广东省知识产权战略纲要的重要部署之一。粤港在低碳技术领域的合作，不仅依赖于政策上的支持，还需要不断完善合作机制、拓展合作领域，以提高合作效能、扩大合作影响。因此建议通过政府采购部分或全部买断某些低碳技术专利权，构建公益性共享专利池对相关技术加以推广使用。出资比例可以交由合作的粤港政府部门根据具体项目的目标规划协议筹措。

在新的发展形势下，广东是否能够继续成为中国经济的领跑者，如何发展低碳经济是非常关键的因素。美国能源基金会首席执行官兼联合创始人艾瑞克·海茨先生在接受《南方日报》采访时指出，广东过去的经济增长主要是靠投资拉动，低碳发展恰恰能吸引更多的投资。比如，基础设施低碳化改造就能引发新一轮投资出现，这些投资又能提升当地经济的增长方式；更核心的是新的经济发展模式会使生活变得更好，包括更宜居的环境、增加城市的愉悦性等潜在的优势❷。

低碳发展，会引发新技术的诞生；伴随这些新技术，需要创造全新的技术运营模式。建立粤港低碳技术共享专利池不仅会推动经济发展，同时这种环保、可持续的发展模式能够提供更优质的生活品质，因而更容易吸引人才并激发人的创造力，这些都将进一步刺激粤港经济地带的发展潜力。因此，低碳技术共享专利池的构建不仅能带来经济效益，更具有广泛的社会效益和环境效益。

---

❶ 广东省人民政府. 印发广东省知识产权战略纲要（2007—2020年）的通知. [2007-11-6].

❷ 唐柳雯, 吴哲. 广东有机会成为中国低碳领跑者[N]. 南方日报, 2013-7-12（A18）.

第四章　创新驱动的知识产权政策导向：反思与建构

随着全球化的渗透，知识产品通过国际贸易在世界范围内流动，带来了前所未有的法律挑战。一方面，国际公约已取代基于国内价值评估的法律制定，成为知识产权立法领域的主导模式，知识产权制度在全球趋同化。另一方面，法律的政治和文化性必须得到考虑，知识产权应有的文化价值和社会功能必须得到尊重，域内立法得以差异化运作。全球化给中国带来的机遇将取决于我们如何参与全球化进程——对发展中国家而言，最大挑战是不仅需要遵守国际公约承诺，同时需要有效促进本国优先发展事项，在符合国际规则与降低社会和经济成本之间寻求变通。

第一节　全球化时代知识产权制度的走向

在知识产权的疆域，全球化的脚步从未停止。最早的知识产权公约——1883年《巴黎公约》诞生于工业革命取得瞩目成就之时，见证了两次世界大战前欧洲作为世界文明中心的历史；当今最具影响力的知识产权国际立法——1994年的《TRIPs协议》订立于信息革命方兴未艾之际，巩固了冷战结束后美国单边主导的世界经济格局。科技进步带来市场扩张，竞争优势促进制度推广，全球化时代的知识产权制度面临着怎样挑战？

一、如何让知识的流动变得更顺畅

今天，我们越来越熟悉这样的故事：一个产品在美国设计，在日本、韩国制造关键零部件，由中国台湾地区的厂商供应外围部件，然后在中国的工厂里组装，最后贴上商标，运往世界各地销售❶。任何一件商品，都可能经历类似的环球之旅。人们意识到，世界在变平，地球上各个知识中心可以被统一到一个单一的全球网络中❷。知识产品如同它们的创造者和使用者一样，通过国际贸易在世界范围内流动，并且随着全球化的渗透，其流动的数量和速度是此前无法想象的。

如何让知识的流动变得更顺畅？在迎接欣欣向荣的全球创新之际，

❶ 曾航. 一只iPhone的全球之旅[M]. 南京：凤凰出版社，2011.

❷ 托马斯·弗里德曼. 世界是平的[M]. 何帆、肖莹莹、郝正非，译. 长沙：湖南科学技术出版社，2006：7.

对知识产权制度,特别是针对新技术和新问题的国际知识产权法律的需求更加紧迫。在这种大环境下,知识产权的地域性❶和具体规则上的国家主权都承受着压力❷。

由于各国授予的知识产权只在其本国地域内有效❸,严重阻碍了国际技术交流和跨国知识产权贸易。在此背景下,对知识产权实施国际保护,各国互相给予对方国民以知识产权保护的呼声日益强烈,知识产权领域的国际公约应运而生。这些国际公约最重要的意义在于,各国不但不再排斥其他国家的国民来依法获取知识产权,而且各缔约国之间互相给予对方国民以国民待遇。❹

从此层面考察,独立保护原则与国民待遇原则的精神实质上是一致的,即要求各缔约国在自己的领土范围内独立适用本国法律。❺可以说,国民待遇是对知识产权地域性的限制。随着知识产权公约缔约国的不断增加❻,国民待遇原则对现行知识产权国际保护体系的基石性作用日

❶ 地域性是知识产权的显著特征,也是与知识产权国际保护关系最密切的特性。地域性意味着知识产权依一个国家或地区的法律产生,只能在该国或地区领域内生效,超出这一领域便不被承认,不能加以行使。参见郑成思. 知识产权法[M]. 北京:法律出版社,1997:19.

❷ GRAEME B. DINWOODIE. The Architecture of the International Intellectual Property System [M]//. PETER K. YU(ed.). Intellectual Property and Information Wealth: Issues and Practices in the Digital Age. Westport: Praeger, 2007:4.

❸ 由地域性延伸出知识产权制度的独立保护原则,即在知识产权国际保护中,一国只保护依据其本国法产生的知识产权,而不保护依其他国家法律产生的知识产权。参见刘家瑞. 论知识产权地域性在国际保护中的新发展[J]. 政法论丛,1998(5):37.

❹ 王春燕. 论知识产权地域性与知识产权国际保护[J]. 中国人民大学学报,1996(3):61.

❺ 具体而言,根据国民待遇原则,需要将法律给予本国国民的待遇同样给予外国人,即在要求给予国民待遇的国家适用该国法律(并结合国际公约的最低保护标准)。从1883年的《巴黎公约》起,国民待遇原则即成为众多知识产权公约的首要原则。

❻ 例如1883年3月20日《巴黎公约》通过并签署时,在公约上签字的有比利时、巴西、萨尔瓦多、法国、危地马拉、意大利、荷兰、葡萄牙、瑞士等11个国家,截至2017年12月已有177个缔约国。同样,《伯尔尼公约》有175个缔约国,WTO(《TRIPs协议》)有164个成员。

益凸显,其在承认一国(地区)对知识产权独立保护的前提下,确保了知识产品的生产、传播和利用可以在全球范围内顺畅进行。

综上所述,知识产权的国际保护推动了知识的跨国界流动,因此可利用的知识产品几乎都是全球性的,其范围取决于是否存在合适的国际框架和权利人的许可意愿。在知识产权国际保护体系中,即使是规模较小的经济体,只要遵守保护知识产权的国际承诺,对知识产权的利用就完全可以突破本地知识产权拥有量的规模限制,这方面新加坡和中国香港都是极佳的示例。❶一种乐观的估计是,当越来越多的国家加入到科技快速发展的行列,在全球相互依赖的经济中,统一的知识产权保护系统的双赢特征就会愈加显现。❷以下针对全球化时代知识产权制度的三个挑战,逐一展开分析论述。❸

二、趋同:国际公约的影响

传统上,知识产权立法属于国内事务。如果没有外来干涉,各国政府依据如何更好地促进知识产品在本国的生产和传播来进行知识产权立法的价值判断和取舍。然而,随着全球化的加剧和WTO的建立,各国

---

❶ DOUGLAS LIPPOLDT. Can Stronger Intellectual Property Rights Boost Trade, Foreign Direct Investment and Licensing in Developing Countries? MEIR PEREZ PUGATCH(ed.). The Intellectual Property Debate: Perspectives from Law, Economics and Political Economy[M]. Chltenham, Northampton: Edward Elgar Publishing, 2006:45.

❷ ROBERT M. SHERWOOD. Why a Uniform Intellectual Property System Makes Sense for the World[J]//. MITCHEL B. WALLERSTEIN, MARY E. MOGEE, Roberta A. Schoen(eds.). Global Dimensions of Intellectual Property Rights in Science and Technology. National Academy of Sciences, 1993: 79-80.

❸ 本文论述受到高鸿钧教授关于法律全球化研究的启发。高鸿钧教授认为,法律全球化有三种途径,即全球治理与国际法治、全球法律的地方化和地方法律的全球化。参见高鸿钧. 法律移植:隐喻、范式与全球化时代的新趋向[J]. 中国社会科学,2007(4).

政府对国内知识产权法律的制定和实施的控制已大为减少。事实上，国际立法已取代基于国内价值评估的法律制定，成为知识产权立法领域的主导模式。❶例如，虽然目前还没有"世界专利"，但知识产权立法国际统一化的趋势仍然导致各国对专利的规定越来越相似——特别是《TRIPs协议》大大推进了各国专利法的标准化步伐。❷

WTO争端解决机构已经通过案例❸确认，国民待遇原则和最惠国待遇原则是《TRIPs协议》的两项基本原则❹。在《TRIPs协议》之前，最惠国待遇并不包括在知识产权国际公约中，没有哪个国家愿意在知识产权保护上给予外国人超过其本国国民的权限——对于公约成员而言，采用国民待遇原则进行保护似乎已经足够。然而，在WTO规则中，处于中心地位的就是最惠国待遇义务，该义务防止WTO成员在国外货物之间进行歧视，或者给予来自某个成员的产品优于来自其他成员的待遇；而国民待遇义务保证政府平等地对待国外和本国制造的产品。换言之，最惠国待遇原则禁止一国在其他国家之间的歧视，国民待遇原则禁止一国歧视其他国家。

最为典型的是，在20世纪90年代初期，美国通过达成某些协议，给予美国国民一些其他成员的国民并不享有的权利。《TRIPs协议》引入最惠国待遇条款，将最惠国待遇作为多边框架下知识产权保护所必需的一

❶ PETER K. YU. Five Disharmonizing Trends in the International Intellectual Property Regime[M]//. PETER K. YU (ed.). Intellectual Property and Information Wealth: Issues and Practices in the Digital Age. Praeger, 2007: 88-89.

❷ DAN L. BURK, MARK A. LEMLEY. The Patent Crisis and How the Courts Can Solve It[M]. chicago and London: The University of Chicago Press, 2009: 20.

❸ WTO. Report of the Panel on United States—Section 211 Omnibus Appropriations Act of 1998 [R]. WT/DS176/R. 6 Auegst 2001.

❹ 特别需要注意的是，《TRIPs协议》第6条规定，在解决知识产权争端时，协议的任何条款均不得用以提出知识产权失效问题　因为要解决此类争端，就不可能遵守国民待遇和最惠国待遇原则。参见李文中. 知识产权与WTO[J]. 对外经贸实务, 2001(3): 41.

项原则,由此,任何一个成员就知识产权保护方面提供给另一个成员国民的利益、优惠、特权或豁免应当立即、无条件地给予所有其他成员的国民。❶这意味着,多边无条件最惠国待遇作为WTO核心的原则得以确认。❷加入WTO前,要取得最惠国待遇,需逐个国家进行谈判;而加入WTO后,无须上述谈判就可以享受多边无条件永久正常贸易关系。最为重要的是,该条规定并不仅限于《TRIPs协议》所规定的义务,而是扩展到对所有知识产权的保护,包括《TRIPs协议》排除在外的对表演者、录音录像制作者和广播组织的保护。

需要注意的是,《TRIPs协议》第27条对可授予专利的客体规定,在遵守相关规定的前提下,对于专利的获得和专利权的享受不因发明地点、技术领域、产品是进口的还是当地生产的而受到歧视。回顾主要的非歧视条款——国民待遇原则和最惠国待遇原则,都没有使用"歧视性"一词,而是运用了更加精确的语言来进行规范,WTO争端解决小组推断歧视性的范围应该超出了上述条款所规定的歧视性情况;并认为,歧视性的概念超出了区别对待的范围,它是一个规范性概念,内涵带有贬义,指因各种不同的不利对待所导致被迫接受的不合理要求。❸因此,《TRIPs协议》第27条的重要性体现在发达国家希望通过该条款,确保各成员不得因为发明地、发明领域或者产品的生产地而给予专利人歧视性待遇。更重要的,基于《TRIPs协议》的双边自由贸易协定(FTA)谈判将《TRIPs

---

❶《TRIPs协议》第4条。

❷ 杨国华. WTO与知识产权协定[J]. 中国经贸,2000(7):40.

❸ WOLRAD P. ZU WALDECK and PYRMONT. Special Legislation for Genetic Inventions—A Violation of Article 27(1)TRIPs? WOLRAD P. ZU WALDECK Und PYRMONT,MARTIN J. ADELMAN,ROBERT BRAUNEIS,et al.(eds.). MPI Studies on Intellectual Property,Competition and Tax Law 6:Patents and Technological Progress in a Globalized World. Springer Berlin Heidelberg,2009:295.

协议》所规定的专利权授予的范围进一步扩大。❶

　　在国际公约中,最惠国待遇原则似乎更像是一个包含不同内容并且不断变化内容的"外壳"。1994 年,在乌拉圭回合谈判后达成的具有实质性法律条款的协议中,最惠国待遇发生了超乎预期的扩张,彻底背离了传统认知。在 WTO 章程中,最惠国待遇原则已经发展到操作层面,远远超出外壳的范畴,成为成员必须遵守的具有实质性内容的现行法原则。❷根据《TRIPs 协议》最惠国待遇条款,通过两个成员之间的单边行为或者双边协议,授予或提供更强的保护(即超 TRIPs 保护或 TRIPs-Plus)或者改进注册程序等,都需要将上述优惠扩及全部 WTO 成员,以避免与 TRIPs 义务不相一致。❸从这个角度而言,由于 WTO 是跨国法律制定机制,最惠国待遇的重要性因为法律全球化比例的提高而逐渐提升。有学者预言,如果全面贯彻最惠国待遇,就可以提供商法统一化框架,通过要求成员的立法权必须在符合公约所规定的实体法框架内运作,最惠国待遇的运转造成了成员主权的限制。❹

　　鉴于《TRIPs 协议》的全面性和强制性特点,在实质性规范的统一过程中,国民待遇原则起到的是支持而不是领导作用。国民待遇原则已很

---

❶ MARIA F. JORGE. Intellectual Property Rights in the Agenda of the Development Countries. Intellectual Property Laws and Access to Medicine[M]//. JORGE M. MARTINEZ-PIVA(ed.). Knowledge Generation and Protection: Intellectual Property, Innovation and Economic Development. New York: Springer, 2008:155.

❷ MICHAEL BLAKENEY. Trade Related Aspects of Intellectual Property Rights: A Concise Guide to the TRIPs Agreement[M]. Sweet & Maxwell. 1996:1-42.

❸ THOMAS COTTIER. The Agreement on Trade-Related Aspects of Intellectual Property Rights [M]. PATRICK F. J. MACRORY, ARTHUR E. APPLETON & MICHAEL G. PLUMMER(eds.). The World Trade Organization: Legal, Economic and Political Analysis, Vol I. Springer Science+Business Media, 2005:1068.

❹ GAIL E. EVANS. Lawmaking under the Trade Constitution: A Study in Legislating by the World Trade Organization[M]. Hague: Kluwer Law International, 2001:246.

少再体现互惠性,而是通过具体的最低保护标准,体现到对全球知识产权保护体系一系列实质性规则的构建之中。同时,一旦达成具体条款,由于最惠国待遇原则和国民待遇原则的结合,就可以立刻形成实体法的统一平台。❶某种程度上,《TRIPs 协议》的重要性已远远超越其在加强知识产权保护上的作用。毫无疑问,它也是为统一各成员域内法而努力的排头兵。❷《TRIPs 协议》的国民待遇原则与最惠国待遇原则,消解了成员之间可能存在的歧视性待遇,两者间的"共振"同样为知识产权制度在全球范围内的趋同化或一体化准备了条件。❸

　　饶有兴味的是,在知识产权国际体系建立之初,有关建立统一的知识产权保护制度的议题就曾经被提出。在 1883 年建立《伯尔尼公约》的第一次政府间会议上,德国代表团就曾经提出质疑:"如果放弃国民待遇原则,而是在缔约国之间缔结一个统一的国际著作权法会不会效果更好?"由于这样的提案会给缔约国家修改国内法带来超出想象的负担,大多数与会国家最终都反对德国代表团的提案。回顾历史,可以设想如果在伯尔尼联盟建立之初,缔约国更倾向于接受德国的建议,那么国际著

---

❶ GAIL E. EVANS. Lawmaking under the Trade Constitution: A Study in Legislating by the World Trade Organization[M]. Hague: Kluwer Law International, 2001: 246.

❷ KEITH E. MASKUS. Intellectual Property Rights in the Global Economy. The Institute for International Economics, 2000: 2.

❸ 以中国为例,在 2000 年与 2001 年中国知识产权法律整合的一个明确目标就是,使中国的知识产权法律与《TRIPs 协议》相一致。在此期间,中国知识产权法律的修订工作基本上都是解决国内法与《TRIPs 协议》之间统一的问题。参见 GUO SHOUKANG, ZOU XIAODONG. Are Chinese Intellectual Property Laws Consistent with the TRIPs Agreement?[M]//PAUL TORREMANS, HAILING SHAN, JOHAN ERAUW(eds.). Intellectual Property and TRIPs Compliance in China: Chinese and European Perspectives. Edward Elgar Publishing, 2007: 15.

作权制度的设计将会与《伯尔尼公约》建立的制度有很大不同。❶

随着全球化的不断推进,再次出现了在知识产权保护领域统一各国法律或创造单一的知识产权❷的建议。提出上述建议的基本假设是,如果统一的知识产权制度能够在全球范围内得以推广,可以期待高端技术转移和联合科研开发都可能被迁移到跨国平台上进行。对于参与联合科研的国家而言,由于统一的知识产权制度,不仅便于募集资金、共享资源,还可以促进技术成果的转移❸,因此在一个保护知识产权的环境中分享科研知识有着深远的意义。

❶ JANE C. GINSBURG. International Copyright:From a "Bundle" of National Copyright laws to Super-national Code?[J]. The Journal of the Copyright Society of the United States,Millenium Volume,June 2000,Vol. 47:265,268.

❷ DAVID T. KEELING. Intellectual Property Rights in EU Law Volume I:Free Movement and Competition Law[M]. New York:Oxford University Press,2003:22~24.

❸ 具体而言,首先,科技研究可以在国际网络中展开,共同研究开发,共用研究设备,知识产权在全球研究中的作用日益显著。任何国家如果希望参与国际研究,就必须保证对承担研究项目的其他国家研究者给予同等的保护。其次,知识产权保护让科研能够吸引到资金,无论是公共资金还是私人资金为了寻找到有价值的科研项目都愿意跨越国界。但是,如果一个地方只给予知识产权有限或较弱保护,那么对资金的吸引力就会受到负面影响。更全面的知识产权保护,将带来更多的科研计划以及更大量支持科研的资金。最后,知识产权对技术转移的作用对全球经济至关重要。一旦研究产生结果,如果可以保证所有者对其成果的合法占有,将增强所有者进行跨国技术转移的意愿。可能更重要的是,如果能够保护其对所购买的技术成果的合法权益,那些身处其他国家希望购买技术的人购买技术和获得许可的意愿也会增强。此外,高质量的技术收购只有在提供者有意做出转让时才可能达成。参见 ROBERT M. SHERWOOD. Why a Uniform Intellectual Property System Makes Sense for the World. MITCHEL B. WALLERSTEIN,MARY E. MOGEE & Roberta A. Schoen(eds.). Global Dimensions of Intellectual Property Rights in Science and Technology. National Academy of Sciences,1993:79~80.

三、存异：域内立法的运作

在科学技术加速发展的时代，知识产权的地域性特征与知识产权保护的全球化趋势之间的对抗和争论日益明显。专利法的域外范围问题，特别是在什么情况下国内专利法可以用来对包含域外因素的行为确认侵权，集中体现了这种冲突。❶伴随着全球化进程，地域性原则遇到了挑战——首先，在线内容的应用已经不再限于一国境内，因特网上在线内容的知识产权应如何保护；其次，对跨国公司知识产权问题的规范也不可能再局限于一国范围内。❷

然而，知识产权的地域性特征并没有因为全球化的深入而动摇——是否授予权利以及如何保护权利，仍须由各缔约国按照其国内法来决定。❸例如，尽管越来越多的发明在多个国家进行平行专利申请，独立保护原则仍将一个国家授予的专利权限制于该授予国的领土范围内，每个国家都单独使用其本国规则进行专利审查，最终被授予的专利权也完全独立于其他国家，对某个平行申请的专利权的任何处理都不会对平行的

---

❶ RAINER MOUFANG. The Extraterritorial Reach of Patent Law[M]//. WOLRAD P. ZU WALDECK UND PYRMONT, MARTIN J. ADELMAN, ROBERT BRAUNEIS, et al.(eds.). MPI Studies on Intellectual Property, Competition and Tax Law 6: Patents and Technological Progress in a Globalized World. Springer Berlin Heidelberg, 2009:601.

❷ IGOR GLIHA. Negotiation on the Accession to the EU and the Harmonization of Intellectual Property with the Acquis Communautaire in Light of Globalization.[M]// WOLRAD P. ZU WALDECK UND PYRMONT, MARTIN J. ADELMAN, ROBERT BRAUNEIS, et al.(eds.). MPI Studies on Intellectual Property, Competition and Tax Law 6: Patents and Technological Progress in a Globalized World. Springer Berlin Heidelberg, 2009:556-557.

❸ 吴汉东.关于知识产权本体、主体与客体的重新认识——以财产所有权为比较研究对象[J]. 法学评论, 2000(5):6.

另一个专利权产生影响。❶

　　以著作权为例。过去百余年里，著作权法虽然一直在朝着国际化、区域化和双边协调的方向发展，但是究其本质依然是一国的国内法——虽然全球绝大部分国家都已颁布著作权法，虽然《伯尔尼公约》拥有众多成员国，虽然各国著作权法在很多实质性规范上逐步趋同，但是著作权制度的领土属性依然根深蒂固，阻碍了超国家规范的形成。即使现在，两个国家如果没有双边或多边协议，没有任何国际法原则可以要求其中一个国家必须保护另一个国家的作者。换言之，国际版权保护体系有如由很多国内法组成的"拼布"❷，每个独立部分都具有自己的规则、客体、所有权、保护范围以及对外国作品进行保护的特定条件❸。

　　历史上看，国民待遇原则对缔约国的知识产权域内立法的影响在《TRIPs协议》签订前后并不完全相同。国民待遇原则的历史模式并不倾向于控制域内法，而是仅仅保证外国人获得与本国人相当的待遇。例如，世界知识产权组织（简称WIPO）所管理的《巴黎公约》和《伯尔尼公约》都仅规定有限的实质性条款，允许成员根据其自身利益决定法律和政策。这两个公约都承认并保留成员国之间在社会和文化上的差异空间。❹

　　从表现上看，知识产权公约的国民待遇原则主要通过在特定事项上

---

❶ JAMES J. FAWCETT & PAUL TORREMANS. Intellectual Property and Private International Law[M]. New York：Oxford University Press，1998：23-24.

❷ PAUL E. GELLER. From Patchwork to Network：Strategies for International Intellectual Property in Flux[J]. Duke Journal of Comparative & International Law，1998（9）：69. See also Vanderbilt Journal of Transnational Law，1998（31）：553。

❸ PAUL GOLDSTEIN，P. BERNT HUGENHOLTZ. International Copyright：Principles，Law and Practice，2/e[M]. Oxford University Press，2010：10.

❹ GAIL E. EVANS. Lawmaking under the Trade Constitution：A Study in Legislating by the World Trade Organization[M]. Kluwer Law International，2001：105.

创造最低法律标准来控制域内法。❶例如,《TRIPs 协议》为域内法规定了实体和程序的知识产权最低保护标准,这些规定大量参照 WIPO 所管理的现有国际公约。WIPO 对知识产权的很多保障措施已被 WTO 成员的域内法及其法庭吸收并直接适用。此外,《TRIPs 协议》中规定有特别保障条款(safeguard clause),成员可自行决定是否使用上述规定以平衡所涉及的私人利益和公共利益。❷

贸易是 WTO 的重点关注对象,因此《TRIPs 协议》更倾向于将知识产权当成一种商品。在起草过程中,《TRIPs 协议》的很多条款丧失了知识产权应有的文化价值,没有将知识产权作为教育和未来科技发展的基石,或者作为社会福祉来看待。❸然而,欧洲经济一体化的历史经验表明,即使在趋同化或统一化的前提下,法律的政治和文化性也必须得到充分考虑和尊重。19 世纪的《巴黎公约》和《伯尔尼公约》注意到了这一点,它们所依据的国民待遇原则充分考虑了不同国家在法律表达上因社会和文化不同而导致的差异。1949 年,考虑到国家利益(包括政治和文化因素),GATT 也曾将知识产权作为适用货物贸易规则的例外。❹

---

❶ RAYMOND T. NIMMER, PATRICIA ANN KRAUTHAUS. Globalisation of Law in Intellectual Property and Related Commercial Contexts[M]//CHRISTOPHER ARUP(ed.). Science, Law and Society: A Special Issue of Law in Context. Melbourne: La Trobe University Press, 1992: 80.

❷ ERNST-ULRICH PETERSMANN. From Negative to Positive Integration in the WTO: The TRIPs Agreement and the WTO Constitution[M]//THOMAS COTTIER & PETROS C. MAVROIDIS(eds.), Intellectual Property: Trade, Competition and Sustainable Development. Ann Arbor: The University of Michigan Press, 2003: 24..

❸ GRAEME B. DINWOODIE, ROCHELLE C. DREFUSS. Enhancing Global Innovation Policy: The Role of WIPO and Its Conventions in Interpreting the TRIPs Agreement[M]//CARLOS MARIA CORREA(ed.). Research Handbook on the Protection of Intellectual Property under WTO Rules. Cheltenham: Edward Elgar Publishing, 2010: 115.

❹ GAIL E. EVANS. Lawmaking under the Trade Constitution: A Study in Legislating by the World Trade Organization[M]. Hague: Kluwer Law International, 2001: 247.

　　《TRIPs 协议》与 WIPO 管理的知识产权国际公约（如《巴黎公约》和《伯尔尼公约》）的最大区别是，WTO 成员的具体实践可以在 WTO 争端解决小组进行检验裁决。❶由于《TRIPs 协议》的引用式纳入，诸多知识产权公约已被纳入 WTO 争端解决机制之内，这导致各国国内自主权缩减。❷

　　尽管一国（地区）的域内立法仍然是权利划定和分配的重要手段，但在国民待遇原则——可将其看作国际立法环节的一个部分——影响之下，其独立性已经相对受到削弱。目前的情况是，全球化正在重塑国内和国际的边界，国家主权的重塑代表国际法的域内化，说明全球经济的运行要求更多的规则在域内法层面进行修订。这不是国家主权的削弱或消失，而是主权表现形式的根本转变。❸

　　传统上，国民待遇原则的运作承认国家主权和国家根据其自身的文化差异制定法律与国内经济政策的自由。虽然知识产权立法倾向于全球统一化的势力很强，但在任何一个单独的司法管辖区，无论其影响力有多大或有多重要，都不能代表其他司法管辖区。然而，伴随着国际贸易中实质性立法趋势的扩大，国民待遇原则运作的内容是否仍一成不变，值得怀疑❹；并且当某个国家试图将国际规则朝着有利于本国经济利

❶ DANIEL J. GERVAIS. The TRIPs Agreement and the Doha Round: History and Impact on Economic Development[M]//PETER K. YU (ed.). Intellectual Property and Information Wealth: Issues and Practices in the Digital Age. Westport: Praeger, 2007: 31.

❷ ARMIN VON BOGDANDY. Law and Politics in the WTO—Strategies to Cope with a Deficient Relationship. JOCHEN A. FROWEIN, RÜDIGER WOLFRUM, CHRISTIANE E. PHILIPP (eds.). Max Planck Yearbook of United Nations Law, Vol. 5(2001). Kluwer Law International, 2001: 622.

❸ JAYASURIYA KANISHKA. The Rule of Law in the Era of Globalization: Globalization, Law and the Transformation of Sovereignty: The Emergence of Global Regulatory Governance. Indiana Journal of Global Legal Studies, 1999, Vol. 6: 425–456.

❹ GAIL E. EVANS. Lawmaking under the Trade Constitution: A Study in Legislating by the World Trade Organization[M]. Hague: Kluwer Law International, 2001: 89.

益方向进行解释时,代表不同分歧意见的势力就必然会开始运作。❶

也有学者认为❷,在研究国际关系上,很多学者陷入了一种人为的学科界限,即认为世界政治、国际关系和国内政治存在观念上的差别,因此需要分别研究,这是一个误区。在国际法与域内法之间,以及对应的国际政治和国内政治之间,它们的差别正广泛受到质疑。事实上,两者之间存在大量的重叠和交互的实例。是故,全球化带来的知识产权国际保护规则的统一趋势,似乎也无须过于紧张。

四、变通:发展中国家的选择

全球化导致发达国家和跨国实体对发展中国家和欠发达国家带来前所未有的影响,也造成对国家主权理解的重大变化。❸理论上,知识产权制度应该根据各国科技发展和生产力水平的不同做相应调整,以此来支持一个国家吸收、使用和创造新技术。很少有经济理论支持知识产权制度的跨国融合,特别是当这种融合将带来发展中国家或工业化国家提高其保护水平时。无论从单个国家,还是从全球福利的角度上看,都找不到支持知识产权制度融合的足够理由。在科技研究上处于领先地位的国家不会相信,如果他们放松知识产权保护标准,会符合他们的利益;相反,工业化国家也不会认为如果他们在立法和执法上依照知识产权严格保护国家的标准(即美国的标准),除了可以减少贸易报复的危险,能

---

❶ Graham Dutfield and Uma Suthersanen. Global Intellectual Property Law[M]. Chltemham, Northampton: Edward Elgar Publishing, 2008: vii.

❷ SUSAN STRANGE. What Theory? The Theory in Mad Money. University of Warwick, CSGR Working Paper 18/98, December 1998. Available at: http://wrap.warwick.ac.uk/2107/1/WRAP_Strange_wp1898.pdf.

❸ A. JAHITHA BEGUM, M. VAKKIL. IPR in The Ear of Globalization[M]//. MU RAMKUMAR, A JAYAKUMAR(eds.). Intellectual Property Rights Demystified. New India Publishing Agency, 2008: 97.

给他们带来多少实际利益。❶一个最为关键的问题是，全球化带来了对潜在的利益的关注，而恰恰是这种潜在的巨大利益的存在使得对全球化利益分享的公平性变得至关重要。❷

美国积极推动，欧共体及日本支持《TRIPs 协议》的最重要原因，是认为这将给自己的国民带来收益。事实上，所有已具备专利制度的富裕国家，总体上都将从《TRIPs 协议》中受益。一个尚未被证明的假设是，《TRIPs 协议》将损失强加给了那些被迫使用该制度的贫穷国家国民身上——他们被迫承担缴纳专利使用费的损失；尽管他们将希望寄托于这些付出能带来额外的创新价值，但这些仍具有不确定性。同时，还没有任何证据能够证明，通过实施《TRIPs 协议》给富裕国家带来的收益超过了贫穷国家承受的损失。因此，也没有依据证实《TRIPs 协议》已经或者将要带来世界福利的增加。❸

鉴于大多数发展中国家官员的知识产权法律知识非常有限，即使是那些参与 TRIPs 谈判的发展中国家，对于所讨论的技术问题也只能给出有限建议，而且主要针对协议覆盖的范围。直到协议签订时，大多数发

---

❶ CLAUDIA R. FRISCHTAK. Harmonization Versus Differentiation in Intellectual Property Regimes[M]//. MITCHEL B. WALLERSTEIN, MARY E. MOGEE, ROBERTA A. SCHOEN (eds.). Global Dimensions of Intellectual Property Rights in Science and Technology. National Academy of Sciences, 1993:90-91.

❷ 阿玛蒂亚·森，贝纳多·科利克斯伯格. 以人为本：全球化世界的发展伦理学[M]. 马春文，李俊江，译. 长春：长春出版社，2012:12.

❸ BRIAN HINDLEY. The TRIPs Agreement: The Damage to the WTO[M]//. MEIR PEREZ PUGATCH(ed.). The Intellectual Property Debate: Perspectives from Law, Economics and Political Economy[M]. Edward Elgar Publishing, 2006:40-41.

展中国家几乎都不了解协议的具体条款及其可能影响。❶在《TRIPs 协议》最终文本于 1994 年定稿时,印度尼西亚代表即指出,遵守《TRIPs 协议》是发展中国家对发达国家的最大让步,要求后者着眼于提供相关技术支持,而不是进行法律骚扰。❷

有证据显示,知识产权保护对一个国家某个阶段的发展至关重要。但是这个阶段,必须等到一个国家进入到中上等收入发展中国家水平。❸因此,一个普遍观点是,知识产权保护并不是发展中国家的政策首选。评测知识产权制度的影响有多大,最简单的方法就是考察其本国国民对它的利用程度。

在国际知识产权保护体系中,具有较强知识产权实力的国家不仅希望改善国际贸易制度以出口其知识产权产品,还希望从中获得因为知识产权垄断地位而带来的额外收益。与之相对,对于知识产权实力较弱的国家则更希望通过不加入国际知识产权保护体系而从知识产权产品中获得最大收益,这样就可以在该国境内自由使用和模仿知识产权产品,进而将这些产品向外出口与该产品的原有知识产权权利人竞争。❹发展中国家,特别是在早期,可能会面临因国内缺乏资源和创新能力而对增强知识产权保护动力不足,在那些发展中国家落后的领域,国外资源就

---

❶ CAROLYN DEERE-BIRKBECK. Developing Countries in the Global IP System Before TRIPs: The Political Context for The TRIPs Negotiations[M]//CARLOS MARIA CORREA (ed.), Research Handbook on the Protection of Intellectual Property under WTO Rules. Edward Elgar Publishing, 2010:46.

❷ TERENCE P. STEWART(ed.). The GATT Uruguay Round: A Negotiating History(1986-1994) Volume IV: The End Game(Part I), Hague[M]. Kluwer Law International, 1999:574.

❸ RAMESH CHANDRA. Issues of Intellectual Property Rights[M]. Isha Books, 2004:233.

❹ MEIR P. PUGATCH. Political Economy of Intellectual Property Policy-Making: Theory and Practice—An Observation from a Realistic (and Slightly Cynical) Perspective[M]//. FIONA MACMILLAN (ed.). New Directions in Copyright Law. Edward Elgar Publishing, 2007:100.

会发挥填补其空缺的重要作用。❶

　　值得一提的是，在美利坚合众国的最初百年里，美国人并不保护国外版权。美国花了将近一个世纪的时间来承认对外国版权的保护，直到1891年的《国际版权法案》颁行，美国才开始有条件地为极有限的几个外国国民的作品提供版权保护。即便如此，也还是存在所谓"印制条款"的限制，即只保护在美国境内印制的外国作品的版权，该条款直到1986年才正式废止。

　　中国官员和学者在WTO谈判时，就曾经以美国在版权保护上的这段历史，为中国对国外版权产品的保护记录正名。❷有美国学者表示❸，"在这个意义上说，我们生来就是一个'海盗'国家。因此，如果我们强烈坚持对其他发展中国家的'海盗'行为说'不'，而之前100年里我们并不以此为耻，这或许多少有些虚伪。"

　　然而，目前越来越多的发展中国家已经加入自由贸易联盟和知识产权公约，以实现货物的自由流通和贸易，并且开始按照发达国家的标准来提供对知识产权的保护。自由贸易降低货物的交易成本，知识产权保护提高创新的价值，这两者并不是简单的巧合❹——这是因为，目前绝大多数货物都已在发展中国家生产，自由贸易使发展中国家生产的货品被低价销售；而新技术开发主要在发达国家完成，通过保护知识产权，打击仿冒者，法律保护知识产权产品的高价格。短期看，跨国公司重视发展

❶ WALTER PARK, DOUGLAS LIPPOLDT. The Impact of Trade-Related Intellectual Property Rights on Trade and Foreign Direct Investment in Developing Countries. OECD Papers：Special Issue on Trade Policy, 2003, Vol. 3, No. 11, Paper No. 294.

❷ WILLIAM P. ALFORD. To Steal a Book Is an Elegant Offense：Intellectual Property Law in Chinese[M]. Stanford University Press, 1995：130.

❸ LAWRENCE LESSIG. Free "Culture" How Big Media Use Technology and The Law to Lock Down Culture and Control Creativity[M]//. The Penguin Press, 2004：63.

❹ MICHELE BOLDRIN, DAVID K. LEVINE. Against Intellectual Monopoly[M]. Cambridge University Press, 2008：10-12.

中国家,仍然只是将其作为新的出口市场和降低生产成本的中心,跨国公司仍可以维持西方在科技研发上的优势,由此继续保持经济上的统治地位。❶全球范围内的自由贸易和知识产权保护成为发达国家从发展中国家获得"双重收益"的某种保障。

　　因此,国民待遇原则表面上似乎合理,但不同国家的国民利用知识产权的能力却有天壤之别——这好似,在一场由一名奥林匹克运动员和一名残疾人士同时参加的百米短跑比赛前,告诉他们都有获得金牌的潜力。❷

　　在进入发展中国家市场的最初阶段,跨国公司就非常重视发展中国家的知识产权保护状况。1987年至1991年美国在中国大陆直接投资的统计数据显示,对国内市场和先进技术的重视导致美国直接投资主要集中在大城市——特别是上海。在所有其他因素中,美国投资者最关心的是知识产权保护力度。❸

　　然而,现实情况是,国民待遇原则对于打击盗版和仿冒并无多少建树。因为如果一个国家对其本国国民都不提供完善的知识产权保护,那么外国权利人自然也就从国民待遇中收获无几。例如,一国可以排除提供广泛的知识产权保护或者仅在该国占据技术领先优势的产业进行较强的知识产权保护;此外,一国还可以通过要求所有知识产权在该国授权后在很短的一段时间内必须实际运用,以此间接阻止公平待遇。❹印

---

❶ SUZANNE SCOTCHMER. Innovation and Incentives[M]. The MIT Press, 2004:29.

❷ IKECHI MGBEOJI. Global Biopiracy: Patents, Plants and Indigenous Knowledge[M]. Vancouver: UBC Press, 2006:223.

❸ LEONARD K. CHENG. United States Direct Investment in China: Basic Facts and Some Policy Issues[M]//. Y. Y. KUEH (ed.). The Political Economy of Sino American Relations: A Greater China Perspective. Hong Kong University Press, 1997:118.

❹ ROVERT C. BIRD. The Impact of Coercion on Protecting US Intellectual Property Rights in The BRIC Econmomies[M]//SUBHASH C. JAIN (ed.). Emerging Economies and the Transformation of International Business: Brazil, Russia, India and China (BRICs). Cheltenham: Edward Elgar Publishing, 2006:432-433.

度在医药领域提供专利保护实践就是最典型的实例。●

对于发展中国家在创新发展与知识产权保护关系的研究，有印度学者通过研究多个发展中国家和地区在 1985 年至 1998 年的专利申请量发现●，尽管在此期间，这些国家和地区都加强了知识产权保护，但只有韩国、中国、中国台湾地区的专利申请量显著上升，墨西哥和智利的专利申请并无明显增加。由此，该学者认为，加强知识产权保护显然并不是增加创新行为的充分条件，要刺激创新，还必须依靠多元产业技术基础，至少在某些行业拥有较高教育水平和技术熟练的劳动力和核心研发力量。同时，为实现创新发展，除知识产权保护外，还应有相互协调一致的社会科技政策、公共研发投入措施、教育政策和投资政策等——这其实是个极其复杂的系统工程。

随着日益深化的竞争经济的出现，在部分发展中国家（如新加坡、马来西亚、韩国甚至中国），反对国内和国外知识产权侵权行为的呼声日益高涨。在这些国家中，当地的权利人对保护知识产权的要求与国外权利

● 以印度为例，作为加入 WTO 的条件，2005 年起印度开始承认产品专利，此前印度只承认方法专利，允许印度制药公司对畅销药品进行分子反向工程，以生产低价的仿制药供应国内市场并出口到俄罗斯、中国、巴西和非洲国家，印度制药公司在生产仿制药的过程中积累了大量经验和技术。2005 年印度修订《专利法》，承认药品、农业化学品和食品专利并开始处理相关申请，这使得印度药品企业重新思考产品开发政策，并开始加大研发投入。同时，《专利法》的修订也使得制药和生物技术跨国公司开始考虑是否应该在印度市场加大研发投入，或者增加承包研发、承包制造和其他市场营销行为。由此带来的结果是，在 2005 年截至 9 月时，印度收到 1312 件专利申请，仅次于美国位居世界第二位，同期美国收到的申请量为 2111 件。需要注意的是，在此期间印度接收的专利申请主要是针对已经存在的分子结构，这是为了印度新的专利法制度下获得药品专利保护而急于提出的。参见 RAVI SARATHY. Strategic Evolution and Partnering in the India Pharmaceutical Industry[M]. SUBHASH C. JAIN (ed.). Emerging Economies and the Transformation of International Business: Brazil, Russia, India and China (BRICs). Edward Elgar Publishing, 2006: 229.

● ARVIND SUBRAMANIAN. India as User and Creator of Intellectual Property: The Challenges Post-Doha[M]//. AADITYA MATTOO, ROBERT M. STERN (eds.). India and The WTO. Washington, DC: The World Band & Oxford University Press, 2003: 188-192.

人完全一样,政府已经意识到知识产权发展的重要性。问题是,在部分领域,盗版或仿冒产业依旧是这些国家的重要经济因素。从更广泛的视角看,上述问题并不仅仅是知识产权能解决的,还必须由国家和地方政府制定出更加全面的政策。❶

结语:中国的机遇

全球化正在重塑国内和国际的边界,并且改变着人们对政治法律属于国内还是国际领域的认识,造成了国家主权的传统观念的侵蚀和重新概念化。❷当前关注的焦点不是如何去阻止全球化或者全球化的某些方面,而是怎样通过采取适当的措施来应对全球化,以便获取全球化带来的利益,减少或消除全球化带来的不利影响。❸这也正是全球化时代中国的机遇。

知识产权制度作为法律全球化中首屈一指的领域❹,《TRIPs 协议》利

❶ PAUL VANDOREN, PEDRO VELASCO MARTINS. The Enforcement of Intellectual Property Rights: An EU Perspective of a Global Question[M]//. MEIR PEREZ PUGATCH (ed.). The Intellectual Property Debate: Perspectives from Law, Economics and Political Economy. Edward Elgar Publishing, 2006: 67.

❷ GAIL E. EVANS. Lawmaking under the Trade Constitution: A Study in Legislating by the World Trade Organization[M]. Kluwer Law International, 2001: 105.

❸ 约翰·杰克逊. 国家主权与WTO:变化中的国际法基础[M]. 赵龙跃,左海聪,盛建明,译. 北京:社会科学文献出版社,2009:11.

❹ 燕聚鸣读书小组整理. 应对法律全球化的中国战略思考——"法律全球化高端战略研讨会"纪要[J]. 清华法学,2012(3):172.

用最低保护标准❶、国民待遇和最惠国待遇实现了对成员之间知识产权制度统一适用的模式❷。作为知识产权制度在全球范围内达到一体化的关键，《TRIPs 协议》被认为给世界最大的知识产权输出国——美国的经济带来了巨大的收益，发展中国家在贸易强权的压制下被迫放弃反抗转而接受。❸直到今天，虽然已不能以任何直接方式使《TRIPs 协议》消亡，但对其漏洞的抗击，对模糊语言的替代性解释，以及或许最为重要的对全球知识产权继续扩张的有效反对仍在进行。❹

值得注意的是，尽管国际公约创造了一体化的规范，但是公约并不是统一立法，缔结公约并不能代表放弃国家司法主权，缔约国仍保留了相当大的灵活性以决定是否将这些规定纳入其本国法律体系。对于发展中国家而言，制定本国法律和执行政策的最大挑战是，不仅需要符合国际最低标准，同时需要有效促进本国优先发展事项。政府需要权衡，如何在特定或整个区域内灵活利用国际公约的规定，寻找降低社会和经济成本的可能性。❺因此，中国需要游走在《TRIPs 协议》外生化给定的发

---

❶ TRIPs 协议为 WTO 的所有成员（国）确定了知识产权保护所必须遵照的最低标准，同时为确保其所授权的知识产权在各成员（国）的国内法院具有足够的执行力，《TRIPs 协议》提供了非常具体的规则。参见 WILLIAM J. DAVEY, WERNER ZDOUC. The Triangle of TRIPS, GATT and GATS[M]//THOMAS COTTIER, PETROS C. MAVROIDIS (eds.). Intellectual Property: Trade, Competition and Sustainable Development. The University of Michigan Press, 2003: 54.

❷ GAIL E. EVANS. Lawmaking under the Trade Constitution: A Study in Legislating by the World Trade Organization[M]. Kluwer Law International, 2001: 103.

❸ 彼得·达沃豪斯. 信息封建主义[M]. 刘雪涛, 译. 北京: 知识产权出版社, 2005: 10—12.

❹ 苏珊·K·塞尔. 私权、公法——知识产权的全球化[M]. 董刚, 周超, 译. 北京: 中国人民大学出版社, 2008: 118.

❺ KEITH E. MASKUS, JEROME H. REICHMAN. The Globalization of Private Knowledge Goods and the Privatization of Global Pubic Goods[J]//KEITH E. MASKUS, JEROME H. REICHMAN (eds.). Journal of International Economic Law, International Public Goods and Transfer of Technology: Under a Globalized Intellectual Property Regime. Cambridge University Press, 2004, 7(2): 279—320.

展路径的边缘,尽力选择与自身内生化发展路径相切的交汇点。●

知识产权与工业文明一样,都不是中国的固有文化●,是一种被动移植、外力强加的制度"舶来品";知识产权立法也不是基于自身国情的制度选择,往往是受到外来压力影响的结果●。在中国所有的部门法中,知识产权法是对国际公约的最好摹写,是对西方标准的最佳映射。●●然而,随着经济实力的增强,尤其是2007年全球金融危机爆发后,中国在世界论坛上的地位悄然发生变化,经济活力背后的制度建设逐渐得到重视,自主创新系列政策的出台就是中国知识产权保护制度摆脱原有西方保护标准影响的一次尝试。

历史业已证明,在一定的国家发展阶段,技术能力建设最好是通过给予国外技术持有人优厚条件以获得技术转让,而不是提供强有力的合法权利以鼓励本国技术创新——当今发达国家在过去都是如此操作

● 在国际社会较强的知识产权保护倾向下,中国最好的路径选择是,提供与《TRIPs 协议》要求的最低保护标准相一致的知识产权保护,但不要超过最低保护标准。参见沈国兵. TRIPs 协议下中国知识产权保护的核心难题及基准[J]. 财经研究,2008(10):60.

● 刘春田. 知识产权制度是创造者获取经济独立的权利宪章[J]. 知识产权,2010(6):22.

● 吴汉东. 中国知识产权法制建设的评价与反思[J]. 中国法学,2009(1):51.

● 冯象. 知识产权的终结——"中国模式"之外的挑战[J]. 文化纵横,2012(3):54.

● 以著作权领域为例,20世纪末,中国积极要求恢复在关税与贸易总协定(简称GATT)中的合法地位,同时 GATT 正在进行《TRIPs 协议》的讨论,当时著作权相关立法正是在这种背景下进行的。1992年我国正式加入《伯尔尼公约》前夕颁布的《实施国际著作权条约的规定》,其中许多条款直接来源于《中美知识产权备忘录》,部分规定吸收了《TRIPs 协议》草案的内容,甚至超出了《伯尔尼公约》的要求。这些规定使得中国无论是从国际法还是国内法上都承担了与其他签约国一样的保护国外版权人权利的义务,被视为美国在知识产权保护谈判中的一个重大胜利。参见许超. 关贸总协定与我国的著作权保护[J]. 著作权,1994(1):35;ANDREW C. MER-THA. The Politics of Piracy: Intellectual Property in Contemporary China. Cornell University Press, 2005:129.

的。❶甚至，一些比较极端的观点——如诺贝尔经济学奖获得者约瑟夫·斯蒂格利茨就认为❷，专利往往对刺激创新无能为力，在许多领域，广泛的专利保护甚至有可能限制创新，导致技术发展缓慢。

全球竞争的领域和维度不仅史无前例，而且在许多时候超出我们的理解能力。❸中国知识产权的低法治状态，实际上也是这种激烈而鲜活的市场经济竞争的体现；❹当代知识产权体系，在中国遭遇了"看起来不可克服的挑战"。❺侵权丛林中吹响自主创新的号角，山寨陷阱里爬出民族品牌的新生儿，这不得不说是全球化时代知识产权制度在中国面临的最具反讽的景象。或许，这其中也孕育着中国的机遇。

现代西方法治仅仅是现代法治的一种体现形式，远远不能代表全部现代法治。❻我们提问和论述的目的，不是要为西方主流理论提供又一个中国的例证或例外❼，而是探索中国的路径。对于中国而言，要想实现积极创新，站在世界技术前沿，知识产权制度就必须在打击侵权和保护

---

❶ HA-JOON CHANG. Kicking Away the Ladder: Development Strategy in Historical Perspective [M]. Lendon: Anthem Press, 2002; GRAHAM DUTFIELD, UMA SUTHERSANEN. The Innovation Dilemma: Intellectual Property and The Historical Legacy of Cumulative Creativity[J]. Intellectual Property Quarterly, 2004, 8(4): 379-421.

❷ JOSEPH STIGLIZ. Innovation: A Better Way than Patents[J]. New Scientist, 2006, 16 September-No. 2569: 21.

❸ 戴维·格伯尔. 全球竞争：法律、市场和全球化[M]. 前言第3. 陈若鸿, 译. 北京：中国法制出版社, 2012.

❹ 冯象. 知识产权的终结——"中国模式"之外的挑战[J]. 李一达, 译. 文化纵横, 2012(3).

❺ 冯象. 如果我们结束知识产权. 2012年3月26日同济大学演讲"观察者网笔录", http://www.guancha.cn/feng-xiang/2012_03_27_69743.shtml.

❻ 高鸿钧. 现代法治的出路[M]. 北京：清华大学出版社, 2003: 9.

❼ 冯象. 政法笔记[M]. 南京：江苏人民出版社, 2004: 248.

创新资本的投入上保持稳定性。[1]任何国际组织或国际论坛都是利益交换的场所,全球化给中国带来的机遇取决于我们如何参与全球化进程。[2]科技、经济、法律与全球化的相互作用正在形成鲜活的历史,而我们正参与其中。

[1] WILLIAM H.A. JOHNSON. Transitions in Innovation: Musings on The Propensity and Factors toward Proactive Innovation in China[M]//SUBHASH C. JAIN(ed.). Emerging Economies and the Transformation of International Business: Brazil, Russia, India and China(BRICs)[M]. Cheltenham, Northampton: Edward Elgar Publishing, 2006: 265.

[2] 中国常驻 WTO 代表团公使张向晨接受访谈时,说"如何评价 WTO 对中国的影响,取决于我们如何参与 WTO 的活动、如何影响 WTO 的运作和决策。"参见吕晓杰等编. 入世十年　法治中国——纪念中国加入世界贸易组织十周年访谈录[M]. 北京:人民出版社,2011:61.

第二节　创新驱动发展战略的
知识产权政策导向

一、创新驱动发展与知识产权

实施创新驱动发展战略，是党的十八大做出的重大部署。报告强调，要坚持走中国特色自主创新道路，以全球视野谋划和推动创新。2013年9月，中共中央政治局以实施创新驱动发展战略为题举行第九次集体学习。中共中央总书记习近平在主持学习时强调，实施创新驱动发展战略决定着中华民族前途命运。全党全社会都要充分认识科技创新的巨大作用，敏锐把握世界科技创新发展趋势，紧紧抓住和用好新一轮科技革命和产业变革的机遇，把创新驱动发展作为面向未来的一项重大战略实施好。党的十八届三中全会再次明确规定要深化科技体制改革，推动科技发展。2014年3月，国务院专门发文做出部署，推动大众创新、万众创业。

实施创新驱动发展战略是一项系统工程，涉及5个方面的任务。一是着力推动科技创新与经济社会发展紧密结合，让市场真正成为配置创新资源的力量，让企业真正成为技术创新的主体。二是着力增强自主创新能力，努力掌握关键核心技术，提升国家创新体系整体效能。三是着力完善人才发展机制，打通人才流动、使用、发挥作用中的体制机制障碍，最大限度支持和帮助科技人员创新创业。四是着力营造良好政策坏境,引导企业和社会增加研发投入,加强知识产权保护工作,完善推动企业技术创新的税收政策。五是着力扩大科技开放合作,充分利用全球创新资源,在更高起点上推进自主创新。

知识产权是创新的原动力与科技成果转化的有效途径。知识产权一头连着创新,另外一头连着市场,是创新和市场之间的桥梁与纽带,是实现从科技强到产业强再到经济强的非常重要的中间环节,是解决科技成果向现实生产力转化"最后一公里问题"的有效途径❶。一个知识产权制度不完善、对知识产权保护不力的国家,不会有创新的活力,不可能实现以创新驱动经济和社会发展的目标。在国家创新政策体系中,知识产权为实现创新驱动发展战略目标提供了重要的制度支撑和法律保障❷。

一项新的国家战略的制定与实施,离不开完善的制度环境和政策体系。实施创新驱动发展战略,必然涉及相关政策的调整和优化。由此引发两个方面的问题:一方面,文本形态或政府话语体系下的公共政策转化为现实形态的政策目标的过程并不是一个直线的过程,政策的实施具有层级性;另一方面,任何一项重大的公共政策还具有多属性特征,其政策目标的实现取决于多部门的合作与配套政策的供给,政策的实施极易"碎片化"。对于实施创新驱动发展战略而言,如何减少基于层级性而导致的政策执行偏差,如何防止战略实施的"碎片化",不仅具有学理层面的价值,更有助于创新驱动发展战略的实践。

《国家知识产权战略纲要》指出,"知识产权制度是开发和利用知识资源的基本制度","知识产权制度通过合理确定人们对于知识及其他信息的权利,调整人们在创造、运用知识和信息过程中产生的利益关系,激励创新,推动经济发展和社会进步"。从文本形态分析,《纲要》从两个方面强调了知识产权政策导向的地位:一方面,要强化知识产权在经济、文

---

❶ 申长雨. 知识产权是支撑经济发展新常态的重要因素[J]. 全球化,2015(3):111-113.

❷ 田力普. 以知识产权驱动创新[J]. 中国科技产业,2015(7):18-19.

化和社会政策中的导向作用;另一方面,要强化科技创新活动中的知识产权政策导向作用。

在制度变革的意义上考察,《纲要》实施以来的实践证明,实施知识产权战略推动了创新发展的基础环境不断优化,有力支撑了创新型国家建设。也有研究将创新驱动发展与知识产权战略实施相结合,指出需要引入模块化理念,构建促进知识产权事业发展的模块化运行机制,包括以提升协同创新能力为重点的创新主体模块、以促进创新成果应用与产业化为重点的服务保障模块、以有效遏制侵权行为为重点的成果保护模块。❶

二、中国知识产权政策体系的反思与评价

知识产权制度具有浓厚的公共政策色彩,很大程度上是各国为促进本国经济社会发展而采取的政策性手段,在保护范围和保护强度方面,都存在政策上的考虑和利益上的平衡。因此,最好将知识产权制度视作公共政策的一种手段,通过授予个人或机构一些经济特权,以实现更大的公共利益,而这些特权只是一种目标实现手段,其本身并非目标。❷可以说,知识产权制度无论以法律形态颁布,还是以政策形式公布,都具有公共政策的属性。

中国知识产权公共政策体系的建设可以划分为初创时期、发展时期、提升时期和战略时期。❸20世纪80年代后期是初创时期,主要是在相关法律法规引导下,建立知识产权管理框架。其中1988年国务院颁布

❶ 马一德. 创新驱动发展与知识产权战略实施[J]. 中国法学,2013(4):34-38.

❷ Commission on Intellectual Property Rights, Integrating Intellectual Property Rights and Development Policy:Report of the Commission on Intellectual Property Rights, September 2002:6.

❸ 张鹏. 知识产权公共政策体系的理论框架、构成要素和建设方向研究[J]. 知识产权,2014(12):70.

《关于深化科技体制改革若干问题的决定》，1990年国家科委、专利局共同颁布《关于加强专利管理工作的通知》，这两份政策文件明确了专利管理机关的执法职能和管理职能，建立了政府知识产权管理框架。20世纪90年代是发展时期，在知识产权管理框架下推动加强知识产权创造、运用、保护和管理。《科学技术进步法》《促进科技成果转化法》等法律法规相继出台，《国家中长期科学技术发展纲要》《关于加快技术创新，发展高科技，实现产业化的决定》《关于加强当前知识产权保护工作实施意见要点》等做出政策安排。2000年之后是提升时期，随着2001年国家知识产权局颁布《全国专利工作"十五"规划》和《全国专利队伍建设和人力资源开发"十五"规划》，逐步形成知识产权本体政策。2008年，国务院颁布《国家知识产权战略纲要》，标志着知识产权公共政策建设进入战略时期。这一时期，知识产权工作融入国家层面政策部署，《关于深化科技体制改革、加快国家创新体系建设的意见》《"十二五"国家战略性新兴产业发展规划》等均纳入知识产权相关内容。

目前，我国已经逐步建立起较为全面的知识产权法律体系，形成了相对比较完整的法律形态的知识产权公共政策，但是非法律形态知识产权公共政策发展缓慢，尚未形成全面、系统的知识产权公共政策，这使得我国知识产权制度的整体效用被打折扣。吴汉东教授因此认为，我国知识产权政策有必要进一步充实、调整和提高，并提出以下建议：第一，紧密结合中国具体国情和实践经验，修改和完善知识产权法律制度。第二，紧密结合国家知识产权战略，建立以知识产权为导向的公共政策体系。第三，紧密结合国际知识产权制度变革的最新动向，积极加强知识产权国际事务的交流与合作，包括加强传统资源和地理标志的法律保护；重视保持发展中国家与发达国家之间的利益平衡；促进知识产权与人权的协调发展。●另外，知识产权制度应与国家的文化政策、教育政

---

❶吴汉东.利弊之间：知识产权制度的政策科学分析[J].法商研究，2006(5)：14.

策、科技政策、产业政策、对外贸易政策相互配合,并在有关政策出台时增加知识产权条款。❶

张鹏认为,我国知识产权公共政策存在整合性、协调性和实操性不高的问题,尚未形成公共政策体系。存在上述问题的根本原因在于,知识产权本体政策内容丰富,但是层次不高;另外,知识产权关联政策、支持政策数量较少,并且内容不实。❷张鹏因此建议❸,知识产权公共政策体系需要有效促进知识产权的流转顺畅。因此,知识产权流转环节是知识产权公共政策体系的核心维度;知识产权支撑要素是公共政策体系的第二维度;知识产权参与主体是公共政策体系的第三个维度。因此,从构成要素的角度而言,知识产权公共政策体系应当包括知识产权的本体政策、关联政策和支持政策。本体政策主要是知识产权类型本身的政策,包括专利、商标、著作权等领域公共政策,其中包括知识产权及其相关法律法规,《国家知识产权战略纲要》以及年度推进计划,发展规划以及促进知识产权创造、运用、保护和管理的相关政策文件;关联政策主要是创新成果知识产权化促进政策、知识产权产业化促进政策和知识产权贸易化促进政策,包括科技进步法、促进科技成果转化法等法律法规,科技发展规划、产业指导目录、与知识产权有关的企业促进政策、与知识产权相关的反垄断政策等;支持政策主要是财政政策、金融政策、税收政策、人才体系建设政策等,包括知识产权资产管理政策、知识产权质押融资促进政策、知识产权税收优惠政策、知识产权人才规划等。

1. 知识产权保护、FDI 与自主创新之间的关系

在中国知识产权制度建立初期,知识产权保护中更多考虑的是招商引资的法律环境而不是本国的创新和产业发展。然而,国外研究发现,

---

❶ 吴汉东.中国应建立以知识产权为导向的公共政策体系[J].中国发展观察,2007(5):6.

❷ 张鹏.知识产权公共政策体系的理论框架、构成要素和建设方向研究[J].知识产权,2014(12):70.

❸ 同❷:72.

通过加强知识产权保护来吸引外商直接投资（FDI），并期望从中获得收益的做法是一种次优选择。加强知识产权保护可以吸引FDI，与此同时却降低了对后发国的技术溢出效应。因此，建议后发国应尽可能地降低知识产权保护力度。❶

中国技术创新政策的核心基本上沿着以引进外资和技术为基础，提升技术创新能力，同时加强科技成果转化和知识产权保护这条路径不断强化。但是，政策制定的合理性并不能保证政策执行过程中因为利益相关者的理性选择导致政策目标的扭曲。尽管中国制定了"以市场换技术"的战略，但由于企业的利益诉求以及企业与各部委基于各自利益的合谋，导致政策执行过程中对引进外资和创新的狂热追求，而几乎完全抛弃了从引进技术到自主创新的关键环节——消化吸收。❷由此导致以市场换技术，通过加强知识产权保护获得技术溢出效益的政策并未取得理想的成效。

与此同时，FDI的进入加剧了国内市场的竞争，竞争压力固然会减少一些内资企业的赢利，但只要能与FDI在同一市场展开竞争，就好比一个技艺不高的棋手能不断与高手下棋一样，他们的相对棋艺一定会提高，并最终有打败高手的可能。同样，引进外资最终会促进民族企业的自主创新，促进国内企业的自主研发。研究已经表明，FDI的进入起到了对内资企业重新洗牌的作用，在重新洗牌的过程中，那些研发投入不力的企

---

❶ AMY JOCELYN GLASS. Intellectual Property Policy and International Technology Diffusion, Department of Economics. Texas A&M University, College Station, Available at: http://econweb.tamu.edu/aglass/ippitd.pdf.

❷ 由于任期的限制以及企业主管人员的聘用、考核制度等方面的原因，企业追求短期利益最大化，而不会去考虑到技术通过消化吸收后自主创新的发展模式，从而造成国企重引进、轻消化吸收的选择；同时，各部委为了迎合中央在考核上对引进外资、创新的高度重视，忽略了关键的消化吸收环节。参见彭纪生，孙文祥，仲为国. 中国技术创新政策演变与绩效实证研究（1978－2006）[J]. 科研管理，2008（7）：145.

业被淘汰出局或破产，或被外资兼并，但留下的企业变得强大了❶。除了高新技术，FDI给中国经济更大的贡献是引进了全新的商业模式与管理模式。作为一个转型经济国家，改革开放之初，在中央计划经济制度下，中国没有真正商业化的企业经营与运作管理模式。由于引入FDI，外资企业在中国投资设厂和经营的同时，带来了全新的商业模式。❷

2. 区域间发展不均衡的影响

必须认识到中国各区域技术水平、要素禀赋和经济发展很不平衡，是一个不均质后发大国。对于发展不平衡的各区域来说，在全国范围内全面进行自主创新是不现实的，技术扩散和技术模仿也是落后区域技术进步的主要方式。因此，技术水平低的区域要求较松的知识产权保护以促进模仿和技术扩散，而技术水平较高的区域要求较严格的知识产权保护以促进自主创新。❸可以说，中国有效利用知识产权保护制度所面临的一个结构性问题，是收入和发展水平上的巨大区域差别。❹对于收入和技术能力相对高的地区，该区域内企业对知识产权保护越来越感兴趣，因这些企业可以从知识产权保护中获益；而对于收入和技术能力相对较低的区域，知识产权保护通常不能带来直接利益，而最终的解决办法只能是让贫穷地区更快地发展。

然而，研究同样发现❺，知识产权密集省份在成果转化方面并不具备领先地位。从省际层面来看，传统意义上的知识产权富集地区，也即知

---

❶ 王红领,李稻葵,冯俊新. FDI与自主研发：基于行业数据的经验研究[J]. 经济研究,2006(2):44-51.

❷ 胡祖六. 关于中国引进外资的三大问题[J]. 国际经济评论,2004(2):26.

❸ 易先忠,张亚斌. 不均质后发大国知识产权保护政策困境[J]. 国际经贸探索,2007(2):28.

❹ 马斯库斯. 从宏观政策角度看知识产权与经济发展的关系[J]. 王寅通,陈威校. 现代外国哲学社会科学文摘,1999(12):40.

❺ 宋伟,徐飞,张心悦. 政策溢出视角下的区域知识产权政策绩效提升研究——基于我国29个省、市、自治区的实证分析[J]. 科学学与科学技术管理,2012(7):82.

识产权产出大省,如广东、北京、江苏、上海等并不完全是知识产权政策绩效方面的效率大省,反而以青海、湖北为代表的省市,在知识产权政策绩效方面,表现好过上述省市。究其原因,虽然青海、湖北在技术进步方面表现不足,但由于其综合技术效率较高,能够很好地将现有的知识产权成果进行良好的转移转化、规模化,从而实现商业价值;而江苏、上海虽然技术进步明显,知识产权成果较多,但由于其自身的综合技术效率不高,未能将这些知识产权成果进行很好的转移转化、规模化,导致其知识产权政策整体绩效反而弱于青海、湖北。出现上述现象的大背景是我国当前科技成果转移、转化率整体性较低,知识产权密集省份的技术优势并没有充分得到挖掘利用。因此,国家层面的政策制定者需要审视现有资源或政策的分配格局,避免其向传统知识产权富集区域过多倾斜,如果现有知识产权不能得到高效率转化,就会造成投入与收益长期失衡。

3. 企业在创新活动中的位置

从当前我国知识产权政策的运行过程来看,一个焦点问题是企业界在政策运行中利益表达的渠道不够畅通。知识产权政策的制定过程通常是由决策者先确立相关政策议题,然后以课题项目的形式委托给相关专家作进一步讨论和研究,而企业界作为政策系统中最为重要的利益相关者,一般仅限于在政策规划初期提供相关意见。相比较而言,发达国家的企业界在知识产权政策运行过程中能够发挥更为重要作用。例如,美国的知识产权政策经常是在私人部门的游说下,政府公共政策直接与企业界的内在需求紧密联系。❶当然,作为公共政策如何平衡私人部门的利益诉求与公共利益之间关系并不是一个简单的问题。

---

❶ 刘华,孟奇勋.公共政策视阈下的知识产权利益集团运作机制研究[J].法商研究,2009(4):127.

根据国际经验，企业研发投资在总的研发支出中的比例将随着经济的发展而不断扩大，在一些发达国家，企业的研究与开发占主导地位。探究知识产权保护与技术创新政策之间的关系，首先，技术溢出效应较大是企业研发投资较低的原因之一，如果这种溢出效应是由于对知识产权的保护不利，那么加强知识产权保护将有利于提高企业进行研发投资的积极性。其次，政府对企业创新的支持应将重点放在帮助企业提高研发效率上，改变直接给予企业补贴或奖励的做法，将有关经费用于建立、健全科技信息服务系统，帮助企业培养和训练研究与开发人才等，即用于旨在提高企业研发投资效果的活动上。❶因此，技术创新政策应立足于鼓励企业的积极性，促使企业成为研究与开发的主体，应着眼于企业研究与开发环境和条件的改善。

企业在创新活动中的弱势同样表现在新兴产业中。在我国战略性新兴产业中，专利申请主体大多为科研机构，而不是生产研究型企业，因此缺乏合理的商业化策略。例如，在研究新能源汽车方面，我国参与的科研机构和高校很多，有足够的技术基础，但是并没有在这一行业中取得领先优势地位。与之不同，日本在新能源汽车研究领域，参与的主体大多为企业集团，最终取得了全球专利申请量排名前三的地位。❷这就表明，必须依托企业作为创新主体，才可能制定出完善的商业化策略，将战略性新兴产业的研究最终体现到科研成果的转化率和利用率上。

4. 政府提供财政支持的目标

政府为企业进行产业和技术创新提供一定的财政支持是通行的做

---

❶ 司春林. 技术创新的溢出效应——知识产权保护与技术创新的政策问题[J]. 研究与发展管理, 1995(3): 5.

❷ 王一乔. 战略性新兴产业的知识产权公共政策分析[J]. 法制与社会, 2015(3): 250-251.

法。在比较优势发展战略下,政府的这种干预是在要素禀赋结构❶已经发生变化的前提下进行的,提供的补贴仅为补偿企业创新活动面临的外部性,范围和数量都是有限的,而不是像在赶超战略下那样,用于保护、扶持不具有自生能力的产业。赶超战略所要发展的产业不符合要素禀赋结构,而比较优势发展战略所要发展的产业是符合要素禀赋结构升级以后的比较优势的。所以,在前者,政府的支持是帮助企业克服缺乏自生能力所带来的问题,而后者则是帮助企业克服在产业或技术升级中所伴随的外生性问题,前者提供的支持远远大于后者。❷

一段时间以来,地方政府为了本地的业绩,只看重专利的数量而不关注专利的质量,盲目进行资助,在一定程度上刺激了"垃圾专利"现象的滋生。因此,需要改变我国目前的专利资助方法,将专利资助从全面资助型向重点资助型转变,由资助专利申请变为资助专利的产业化应用。❸可以说,促进创新能力建设的政策在实践中没有达成效果。这是因为不同创新主体追求目标各异,简单地专利数量衡量创新能力将导致政策失灵。这些政策的共同特征在于:政府注重量化专利目标而忽视其

---

❶ 要素禀赋结构,是指一个经济中自然资源、劳动力和资本存量的相对份额。自然资源通常是给定的,劳动力增加的速度取决于人口的增长率,各国之间并没有太大的差异,唯一可以有巨大的增长差别的资源是资本。根据林毅夫提出的比较优势战略理论认为,落后国家与发达国家之间的根本差别在于要素禀赋结构的差别。发达国家与发展中国家在人均资本的存量上有很大的差距。另外,不同国家在资本的积累率上也有很大的差距。因此,当讨论要素禀赋结构的提升时,通常指资本相对丰裕程度的提高。而产业结构和技术结构的升级,可以被认为是经济要素禀赋结构变化的结果。参见林毅夫.技术创新、发展阶段与战略选择[N].北京大学中国经济研究中心简报,2003(58).

❷ 林毅夫,孙希芳.经济发展的比较优势战略理论[J].国际经济评论,2003(6):14.

❸ 董涛.我们究竟需要什么样的知识产权创造"扶助"政策?——兼论知识产权创造者的社会责任[J].科学学研究,2009(3):327.

他与创新相关的目标。❶政府财政资助专利申请是为了鼓励企业创新，但是不乏有些企业一旦获得高新技术称号或享受税收优惠，就将专利束之高阁。一些高校科研人员为了评职称、获奖等目标而申请专利，获得专利后，只有很少比例的专利可以市场化、产业化。某些地方政府也存在为了追求政绩，盲目制定专利申请计划，不考虑专利的质量高低，无视专利有无产业化前景。由此导致一些促进创新的财政支持政策流于形式，其结果是一方面我国专利申请数量急剧上升；另一方面大量垃圾专利由此出现。

三、以全球视野谋划和推动创新的知识产权政策体系

在考虑知识产权制度如何影响发展之前，要注意到知识产权保护制度本身依赖于经济发展的水平，因此存在着双向的因果关系。最不发达的国家对创新几乎不投入什么资源，没有什么知识产权需要加以保护。随着收入增加和技术能力发展至中等水平，出现了某种适应性创新，但竞争主要集中在模仿上，这意味着经济和政治的主体利益选择了弱的知识产权保护。随着经济在更高的技术能力的水平上成熟，对产品的质量和品种要求也就增加了，这样更多的国内企业会支持有效的知识产权制度。知识产权制度的保护力度在最高收入水平上会得到急剧加强。❷因此，一国的知识产权政策在很大程度上依赖于人均收入的增长。

1. 知识产权政策与国际竞争格局

知识产权保护背后体现的是国家之间产业结构的比拼，拥有更为现代产业结构的国家，知识产权保护就会体现该国的利益。产业结构是影

❶ 刘雪凤，高兴. 促进我国自主创新能力建设的知识产权政策研究[J]. 科学管理研究，2014（3）：22–23.

❷ 马斯库斯. 从宏观政策角度看知识产权与经济发展的关系[J]. 王寅通，陈威，校. 现代外国哲学社会科学文摘，1999（12）：35.

响知识产权保护效应的决定性力量。发展中国家的政府应当积极调整产业结构,适应宏观经济乃至国际经济发展的要求;制定注重技术进步的倾斜性政策,提升人力资本的教育培训开发机制以及"科教兴国"的发展战略;创造有利于人才成长集聚以及科学技术进步的社会经济发展环境。❶

现有的文献似乎难以就知识产权保护制度和国际竞争力之间的关系做一个全面和有说服力的说明。首先,国内创新能力的提高,自然有助于国际竞争力的提升。但这将是国内政策得当的必然结果,未必一定是如美国那样基于国际竞争的考虑加强知识产权保护的结果。❷为追求知识产权利益最大化,美国的域外知识产权保护始终处于扩张之中。美国不断追逐有效的知识产权国际论坛,从联合国教科文组织到世界知识产权组织、世界贸易组织和最近的《反假冒贸易协议》,采取的论坛选择策略包括论坛加入或退出、论坛转移和新论坛构建等,意图在于把不断提高的国内知识产权保护实质地延伸至全球领域。为支持其论坛选择政策,美国交互采取单边、双边和多边贸易措施,包括"特别301"、自由贸易协议和WTO的争端解决机制。持续推动美国域外知识产权保护的力量来自其跨国公司。❸

再以日本为例。日本知识产权制度早期的特点是促进知识扩散,而不是鼓励创新。日本的专利政策有一个重要的特点,就是大量引进先进技术,但并不依赖于引进技术,更重视对引进技术的消化吸收,即改良性

---

❶ 陈宇峰,曲亮. 知识产权保护的负面效应与发展中国家的回应性政策研究[J]. 国际贸易问题,2005(11):126-127.

❷ 安佰生. 国际贸易政策视角下的知识产权制度[J]. 科技促进发展,2012(7):18.

❸ 刘银良. 美国域外知识产权扩张中的论坛选择政策研究:历史、策略与哲学[J]. 环球法律评论,2012(2):123.

质的技术创新,鼓励实用新型专利保护。❶日本企业一直推崇"技术至上"理念,追求精益求精的境界。这一观念使日本企业拥有许多世界领先技术,并在新产品研发中独占鳌头。但是随着全球产业趋向水平分工,产品进入模块化设计时代,单纯追求完美技术的做法使日本企业忽略对技术转化的有效管理,陷入"技术至上"的创新陷阱,即能够在技术竞争中取胜,却没有成为市场竞争的赢家。❷日本企业的创新目标未能及时从"技术创新"调整为激励"产品创新",由此导致在新一轮的国际竞争中未能延续市场优势。

可以说,知识产权保护态度、标准和方向的把握,都是以国内外形势为前提和基础的。我国正处于国际经济科技赶超和国内创新发展时期,知识产权保护更应该注重创新发展需求,保护水平要与知识产权状况相适应。从政策和方法的角度看,知识产权保护既要注重刚性,坚持高标准严要求,坚持强化保护不动摇;又要注重弹性和政策性,考虑发展水平和承受能力。❸

从全球经济交往视角,基于对发展中国家的创新激励,应采取渐进型政策,即考虑国际条约的最低保护规定,逐步提高知识产权保护水平。❹发展中国家尽管还有不少科技创新和制度建设方面的问题,但总体上却处于不断发展之中。美国等发达国家当今所极力主张的知识产权高水平保护,或许在经过一段历史时期后就成为发展中国家所拥护的事情。因此对于发展中国家如中国而言,重要的是如何更好地开展科技

---

❶ 王珍愚,单晓光.日本的知识产权公共政策及对中国的启示[J].财贸研究,2008(6):120-123.

❷ 赵旭梅.日本知识产权政策的递减效应与战略转型[J].东北亚论坛,2013(4):61-62.

❸ 孔祥俊.当前我国知识产权司法保护几个问题的探讨——关于知识产权司法政策及其走向的再思考[J].知识产权,2015(1):3-4.

❹ 江登英,康灿华.基于创新激励的知识产权模型与政策分析[J].武汉理工大学学报,2009(16):174.

和产业创新,在完善知识产权制度的同时增强知识产权领域的比较优势,并且在知识产权对外交往中,通过吸收他国的经验与教训,采取更有针对性和前瞻性的应对之策。❶

2. 技术创新与技术引进的互动

值得注意的是,"创新驱动"不能简单等同于"科研驱动"。创新驱动的内涵更为广阔,不仅包含科技创新与开发,还涵盖直接促进经济发展,建立新经济发展模式,建立新商业模式和新经营管理机制的新要求和新特征。因此,创新驱动突出强调了通过各领域创新对全局发展的驱动作用。因此,实施创新驱动战略,不仅要重视发展科研,还要重视技术转移,要重点发展技术市场,健全技术转移机制。❷

经济学中的技术创新是指一个生产者在下一期生产中所采用的技术比这一期生产的技术好,效率高,这个"新"不必是最新的发明。发展中国家的技术创新可以通过自主研发来取得,也可以通过技术引进的方式,包括购买专利、技术模仿等取得。发展中国家通过引进技术来取得技术创新,成本会低于发达国家,而且风险小。但是,靠引进技术取得技术创新,并不是简单地拿来运用,而必须经过改进、消化、吸收,才能发挥最大的效用。也就是说,发展中国家可以利用与发达国家的技术差距发挥后发优势,通过借鉴发达国家现有的技术来提高其经济增长率。但是,此时必须遵循比较优势的发展战略,即引进技术应符合本国的比较优势,选择引进适宜的技术(appropriate technology)。❸

对于中国的政策意义是,国家鼓励企业在选择其产业和技术时,必须遵循比较优势。从要素禀赋来看,当劳动密集型产业符合我国的比较优势时,只有大力发展劳动密集型的产业才能促进我国经济快速、健康

---

❶ 刘银良.美国域外知识产权扩张中的论坛选择政策研究:历史、策略与哲学[J].环球法律评论,2012(2):139.

❷ 曹健林.实施创新驱动发展战略的三个关键[J].全球化,2015(3):113-115.

❸ 林毅夫,孙希芳.经济发展的比较优势战略理论[J].国际经济评论,2003(6):13.

地增长，并有效地解决就业、收入分配等问题。随着经济发展，我国可以发挥大国优势，在R&D上投入更多的资源，取得比发达国家更快的技术创新速度，超过发达国家的技术和收入水平。❶

技术吸收能力差，从知识产权保护中获益程度低。知识产权保护到什么程度，要取决于一个国家对技术的吸收能力。这是一个容易被忽视的观点，在同等保护水平下，技术吸收能力强的国家，显然比技术吸收能力弱的国家，更能从知识产权保护中获益。因此，对技术吸收能力弱的国家（主要是发展中国家）来说，比较公平的做法就是降低保护程度，以同发达国家保持均衡❷。至于能不能做到，要取决于谈判的结果，但这应是政策追求的目标之一。

因此，中国制定知识产权公共政策必须考虑利益平衡问题，现阶段的知识产权公共政策仅仅鼓励自主创新是不够的，还必须促进技术扩散❸。

3. 政府在知识产权政策体系中的作用

政府要履行管理和促进发展的职能，需要充分运用和依靠公共政策功能来实现。国家知识产权战略属于我国知识产权公共政策的总政策（总路线、总方针），是政策体系中具有统摄性的政策，对其他各项政策起指导和规范的作用，是其他各项政策的出发点和基本依据，是政策主体用以指导一定历史时期全局性行动的高度原则性的指针。❹有学者认为，政府必须在国家知识产权战略中处于主导地位，主要有三点依据：第一，从历史角度看，知识产权性质发展演变过程中，从知识产权的确权、

---

❶ 潘士远，林毅夫. 发展战略、知识吸收能力与经济收敛[J]. 数量经济技术经济研究，2006（2）：13.

❷ Commission on Intellectual Property Rights，Integrating Intellectual Property Rights and Development Policy：Report of the Commission on Intellectual Property Rights，September 2002.

❸ 王珍愚，单晓光. 日本的知识产权公共政策及对中国的启示[J]. 财贸研究，2008（6）：123.

❹ 彭茂祥. 我国知识产权公共政策体系的构建[J]. 知识产权，2006（5）：36.

管理到保护,政府都积极干预,政府角色显著突出,两者关系密切相关;第二,发达国家在知识产权战略方面取得的成功经验,可作为我国政府角色定位的借鉴;第三,从我国的国情出发,政府必须积极主动干预,并居主导地位。❶

政府对创新的资助政策主要是指专利费用资助政策,其并不直接作用于技术创新,而是通过影响企业的资金需求和企业的专利战略从而作用于技术创新。❷同时,政府通过采购使企业明确了创新方向,创新产品销售数和比例上升,加快了创新产品市场化速度,从根本上降低了企业进行自主创新的市场风险和技术风险,从而促进技术创新。❸特别是对于人才、资金、政策等方面存在不足的中小企业而言,如果完全依靠市场的自我运行机制,很容易遭到大企业的排挤而退出竞争,从整个绩效体系来看,会降低国家创新生态体系的多样性和活力,不利于创新成果的产出。政府采购为中小型企业的形成与发展提供了拉动力,获得政府采购的企业,被视为优质股,相当于获得了市场认可的凭证,也向其他潜在的投资者传递了信息,能够帮助其在未来获得更多的资源。❹

各国创新的历史表明,政府在企业创新中也是可以有所作为的。国家通过对市场形势以及某一行业自身发展水平的判断,在某一特定时期对某一特定行业实施激励政策,如对某一创新项目设立专项基金进行资助等。通过政府的补贴或政策上的扶持推进企业的成长与创新发展。为克服市场失灵,政府通过整合科技规划和资源,对基础性、战略性、前

---

❶ 刘雪凤. 国家知识产权战略中政府的角色定位分析——从政策过程视角[J]. 理论探讨, 2009(2):140.

❷ 盛亚,沈宏韬. 我国企业自主创新的知识产权政策需求与影响机制研究——以两家企业为例[J]. 科技管理研究,2012(6):158.

❸ 同❶,159.

❹ 苟尤钊,曾国屏. 政府采购:科技型中小企业"助推器"——以美国为例[J]. 科技与经济, 2014(6):98.

沿性科学研究以及共性技术研究提供支持❶。以美国纽约州为例❷，考察分析纽约州政府及其有关部门在指定科技创新政策以及相应的项目计划时可以明显地感觉到，纽约州在鼓励大专院校和企业等机构实施科技创新方面，有着比较明确的产业领域导向意识，体现出政府在科技创新中的引导作用。

经济转型的迫切需要决定了当前中国不能依赖自然增长，而必须通过政府推进来实现创新驱动。但是，国家作为一种官僚体制，有着天然的行政化、功利化倾向，完全由国家包办的技术研发和创新，无法真正激发社会创新精神。因此，知识产权政策体系的建设应当找准创新主体的现实需求，并建立协调机制，实现"自上而下"的政府主导知识产权政策与"自下而上"的创新主体政策要求之间的匹配。❸

4. 市场对创新资源配置的功效

知识产权保护依市场结构的变动而发生变化。研究发现❹，在技术创新初始阶段，竞争者思想的碰撞有利于产生好的想法，完全竞争的市场结构有利于创新，此时无须知识产权保护的进入。而一旦技术创新进入中间环节，创新过程的高风险以及信息不对称等特点就会影响企业的创新激励，从而导致企业偏好于模仿而止步于创新，知识产权保护也主要在这一环节产生影响。知识产权保护通过赋予技术创新者对技术的垄断宽度和垄断长度，使其研发过程和研发结果受到保护，进而弥补了企业在创新过程中巨额的研发投入。然而，知识产权垄断也带来了诸如

---

❶ 李钢，马丽梅. 创新政策体系触及的边界：由市场与政府关系观察[J]. 改革，2015(3)：29.

❷ 王志平，张春美，蒋为群，陈雅丽. 纽约州政府科技创新政策体系研究及启示[J]. 上海行政学院学报，2005(2)：42.

❸ 杨静，朱雪忠. 国家知识产权政策体系建设之语境与维度——基于促进自主创新能力建设视角[J]. 科技进步与对策，2013(8)：108.

❹ 苗妙，魏建. 知识产权行政执法偏好与企业创新激励——基于转型期"大调解"机制政策效果的分析[J]. 产业经济研究，2014(6)：108.

对技术扩散、消费者福利以及知识产权管理等方面的社会成本,因此在技术创新扩散阶段,不完全竞争市场是最佳市场结构。最后,随着技术的成熟以及进一步扩散,市场又会重新回到完全竞争这一均衡状态中。

公共政策以市场作为优先的、基础性的资源配置手段,并且依法约束政府行为、规范市场行为,即在法治的约束下,坚持市场优先原则是公共政策的基本要求。为了最大限度地促进创新,法律必须建立开放竞争的制度,但是超额利润来自于垄断的市场力量而非竞争。由此,专利法为创新创造了公开竞争的环境,同时给予优胜者(即专利权人)一定期限的市场垄断力。❶因此,知识产权政策的制定必须反映市场的声音。

政策的制定过程应当公开化、透明化,要求公共政策制定系统能够对多元的利益进行选择、综合,使具体的公共政策具有合法性,同时不至于在执行中出现政策无能和不适应。❷以美国为例,影响美国知识产权政策制定的利益集团主要有四类:一是知识产权联盟,以国际知识产权联盟、国际反假冒联盟为代表;二是商会和劳工组织,以美国商会为代表;三是行业协会,以商业软件联盟、计算机软件及服务协会、医药制造商等行业协会为代表;四是知识产权有关的律师协会,以美国律师协会知识产权部为代表。❸

与现有科技体制走的国家主义路线相比,知识产权强国走的是一条"人本主义"的强国道路。知识产权制度激发的是将创造性劳动和诚实经营作为荣誉和财富第一来源的企业家精神,将从生产假冒伪劣产品中获得收益的消极动力转化为从技术创新和诚实经营中获得收益的积极

---

❶ ROBERT COOTER, AARON EDLIN. The Falcon's Gyre: Legal Foundations of Economic Innovation and Growth, Bekeley Law Books, Version 1.4 posted August 2014:1.17. Avaialbe at: https://www.law.berkeley.edu/library/resources/cooter.pdf

❷ 曹堂哲. 试论中国加入世界贸易组织政府公共政策的适应性——一种"系统范式"的宏观视角[C]//谢庆奎. 入世与政府先行. 北京:中信出版社,2003:184.

❸ 刘恩东. 利益集团与美国知识产权政策[J]. 国际资料信息,2007(9):1.

动力,通过市场力量将科技创新成果循环到最需要的地方,从而使国家的经济增长来自质量提升而不是数量扩大的良性循环。❶

尽管尚没有具体的数据,但是中国可能在复制和零售未授权产品方面雇用了相当数量的劳动力,随着加强知识产权保护力度,这些劳动力必须寻找其他的替代性工作,这将是在决定加强知识产权保护时所遇到的第一个挑战。在盗版盛行或整个产业很明显建立在仿制基础之上的领域中,劳动力问题尤其突出,找到其他就业或缓冲调整代价途径较为困难。❷因此,灵活的劳动力市场和经济的迅速发展,将有助于将这种劳动力转移的代价缩小到最低限度,也更方便让工人或企业转移到其他合法的经营活动中。

最终决定知识产权保护制度成败的决定因素,是其所运作的市场的性质。在竞争性市场中,通过知识产权保护制度获益更大,因知识产权被滥用付出的代价也更小。对中国而言,重要的是在加强知识产权保护制度的同时使市场尽可能地自由化。这要求中国进一步向国际贸易和投资开放,对企业进行结构性改革使其更具竞争性。❸对应《国家中长期科学和技术发展规划纲要(2006—2020年)》中强调以企业为主体、市场为导向、产学研相结合的技术创新体系,未来科技体制改革的思路之一,应是建立鼓励科技人员向企业流动的政策、制度和机制,从源头上保障企业获得科技创新资源❹。

5. 知识产权政策与竞争政策的协调

知识产权保护是双刃剑,保护不足不利于激励创新,保护过度同样

---

❶ 董涛. 中国知识产权政策十年反思[J]. 知识产权,2014(3):59.

❷ 马斯库斯. 从宏观政策角度看知识产权与经济发展的关系[J]. 王寅通,陈威,校. 现代外国哲学社会科学文摘,1999(12):38.

❸ 同❷,40.

❹ 冯晓青. 科技创新体制与我国知识产权公共政策的完善[J]. 吉首大学学报(社会科学版),2013(2):54.

会侵占公有领域,阻碍全社会的创新。作为利益平衡制度,要把知识产权限制在应有的范围❶。强大的知识产权与有力的反垄断政策在促进创新的共同目的上是同一枚硬币的两面。竞争政策通过保证企业之间开展竞争来推动创新,为创新提供压力,同时防止取得支配地位的企业损害和阻碍创新;知识产权政策通过授予并保护一定期限内合法的市场垄断来推动创新,鼓励对创新的投资,为创新提供动力❷。可以说,反垄断执法和知识产权保护都是为了达到一个共同的目标:在技术快速变革的时代,建立以创新促进经济成功的环境❸。

反垄断法用竞争性市场的大棒来促进初始创新的市场结构,即不创新的企业就要遭到淘汰;知识产权法则用专有性及由此获得的利益的胡萝卜来鼓励初始创新。反托拉斯法通过保护专有性的知识产权以外的竞争机会来促使后续创新;知识产权法则通过要求初始创新的公开以及为后续创新者提供合理使用和不受知识产权滥用的权利来促使后续创新❹。尽管竞争政策与知识产权保护在基本功能和目标上具有一致性,但是在具体实施过程中往往表现出某种程度上的冲突。

竞争政策与知识产权保护在实施过程中的冲突是由知识产权的行

---

❶ 孔祥俊. 当前我国知识产权司法保护几个问题的探讨——关于知识产权司法政策及其走向的再思考[J]. 知识产权,2015(1):11-12.

❷ ANNE K. BINGMAN. The Role of Antitrust in Intellectual Property, Addressed before the Federal Circuit Judicial Conference(Patent & Trademark Breakout Session), Washington, D.C., June 16, 1994. Available at: http://www.justice.gov/atr/speech/antitrust-innovation-and-intellectual-property.

❸ ANNE K. BINGMAN. Antitrust, Innovation and Intellectual Property, Addressed before the Program on Antitrust and Intellectual Property Stanford Law School Stanford, California, October 7, 1994. Available at: http://www.justice.gov/atr/file/519406/download.

❹ DEBRA A. VALENTINE. Abuse of Dominance Relation to Intellectual Property: U.S. Perspectives and the Intel Cases, Addressed before Israel International Antitrust Conference, Sheraton Hotel & Towers, Tel Aviv, Israel, November 15, 1999. Available at: https://www.ftc.gov/public-statements/1999/11/abuse-dominance-relation-intellectual-property-us-perspectives-and-intel.

使行为引起的。知识产权的正当行使不会产生竞争政策和知识产权保护的冲突，知识产权保护对竞争的一定限制被视为对创新的激励和实施知识产权制度的必要代价。只有知识产权的不正当行驶，即知识产权的滥用才会导致冲突。知识产权的滥用，是指知识产权的权利人在行使其权利时超出了法律所允许的范围或正当的界限，损害他人利益和社会公共利益。知识产权的获得与知识产权的行使是两个问题，知识产权的合法获得并不能保证其正当行使或不被滥用。竞争政策关注的是知识产权的行使问题，而不是知识产权本身。区分知识产权的存在与知识产权的行使构成了竞争政策的原则和基本逻辑。❶

　　知识产权政策提供了政府许可的短期性垄断，而竞争政策又试图阻止垄断的出现。站在经济学家的角度，知识产权政策关注的是提供合理预期的事先刺激，而反垄断政策关注的是事后的刺激。因此，对法院和政策决定者而言，一个重大问题是如何找到经济上的合理平衡，使得在最大限度地限制不正当竞争行为的同时促进创新。❷在发达国家，对于滥用知识产权的做法有复杂和周全的法律制度来制衡，保证公众利益不受伤害，例如竞争法、反垄断法等，但是发展中国家并没有完全建立起相应的制度体系，这就是为什么发展中国家特别容易受到冲击和伤害的原因❸。有学者认为，知识产权政策可分为"保"和"反"两个基本方面，即保护知识产权的政策和防止滥用知识产权（或反垄断）的政策。中国知识产权急需实施战略性调整，转向"保反兼顾、内外协调"。在对外政策上，甚至要"以反为主，以保为辅。"❹2015年4月国家工商总局颁布了《关于

　　❶ 王先林. 竞争政策与知识产权[J]. 经济法论丛, 2005(1): 91.

　　❷ DAVID A. BALTO, ANDREW M. WOLMAN. Intellectual Property and Antitrust: General Principles, IDEA: The Journal of Law and Technology, Volume 43, 2003: 412-413.

　　❸ Commission on Intellectual Property Rights, Integrating Intellectual Property Rights and Development Policy: Report of the Commission on Intellectual Property Rights, September 2002.

　　❹ 于立, 吴绪亮. 保反兼顾、内外协调的知识产权政策[J]. 中国工业经济, 2010(5): 139.

禁止滥用知识产权排除、限制竞争行为的规定》，规定自2015年8月1日起施行。这一规定的出台和实施将有利于相关经营者正确行使知识产权，有利于反垄断执法机构在知识产权领域更好地进行执法，提高执法的透明度。

6. 知识产权政策与其他配套政策

知识产权公共政策是关于知识产权的创造、归属、保护、运用、管理等一系列的全方位的公共政策。目前我国知识产权公共政策系统与我国经济、贸易、科技、文化发展尚属于低结合状态。[1]一直以来，中国知识产权政策的主要目标都是权利界定和侵权惩戒，即鼓励知识产权申请和对知识产权侵权行为进行惩戒，因此中国最主要的知识产权政策措施仍然是行政措施，尽管也能对技术创新绩效形成正的影响，但是其影响程度很小，而能够对企业形成直接影响且确实能够对创新绩效形成影响的财税措施并没有得到足够重视。[2]显然，目前的政策尚缺乏完善知识产权流通市场的切实措施。

目前，我国专利政策同国家经济科技政策的衔接不甚紧密，在具体落实上缺乏可操作性。例如并没有具体的金融、税收等方面的扶持政策来支撑知识产权服务的创新与发展；也没有具体针对专利信息服务的相关政策的出台。[3]同样，支持创业风险投资，是国外支持技术创新的普遍做法。实行创业风险投资，将由专业风险投资机构代替政府选择管理项目，有利于客观公正地选择项目；由财政无偿投入转为股权投入，建立财政资金退出机制，以充分放大财政政策的效能。[4]

---

[1] 彭茂祥.我国知识产权公共政策体系的构建[J].知识产权，2006(5):36..

[2] 盛亚,孔莎莎.中国知识产权政策对技术创新绩效影响的实证研究[J].科学学研究，2012(11)1739.

[3] 李良成,高畅.基于内容分析法的知识产权服务政策研究[J].技术经济与管理研究，2014(3):27.

[4] 王保安.积极运用财政政策促进国家知识产权战略[J].中国资产评估，2007(12):17.

调研显示❶目前我国知识产权管理较为粗放，存在重创造、轻运用，重数量、轻质量的倾向。知识产权管理方面存在以文件落实文件的现象，而不是考虑具体实施效果，导致一些法规政策落实不到位。知识产权管理环节的缺失和薄弱已经成为阻碍创造质量提升、运用水平提高和保护机制完善的"瓶颈"，也进一步导致了现阶段我国知识产权制度对于促进创新资源高效配置和综合集成的作用不显著，对于支撑经济社会创新发展的效益有限。❷

结语：中国的选择

国家创新体系是一个包括技术、各种制度、机制等要素的复杂的系统。中国的短板是知识产权法治相对落后，没有发挥市场对资源配置的决定作用，对科技成果运用不当，保护不力，不能适应技术的高速进步和与时俱进的经济发展。❸而实施创新驱动战略需要高水准的知识产权保护，因此我国新一轮的知识产权制度设计必须与促进转型升级和创新驱动发展相适应，与积极参与经济全球化、引进外国投资和深化经济技术交流相适应，使我国主导和基本的知识产权规则更加符合国际通行标准，并全面加大保护力度。❹

从经济体内部视角，要使社会福利达到最大化，基于创新激励导向，应采取平衡型政策，在社会福利水平、补偿在先创新者利润和社会总体

---

❶ 我国知识产权保护力度加大，管理水平提高——兼述《关于实施国家中长期科学和技术发展规划纲要（2006-2020）的若干配套政策》实施进展[J]. 科技促进发展，2015（1）：79-80.

❷ 肖尤丹. 面向国家知识产权战略实施的知识产权管理及其促进政策[J]. 中国科学院院刊，2013（4）：419-420.

❸ 刘春田. 知识产权制度与国家创新体系[J]. 法制资讯，2014(Z1)：71.

❹ 孔祥俊. 全球化、创新驱动发展与知识产权法治的升级[J]. 法学论坛，2014（1）：36.

创新效率三者之间寻求一个最优解,达到多方利益的平衡。❶如何全方位反映和平衡各方的利益诉求是知识产权政策能否有效运行的关键。

与此同时,中国知识产权制度一方面以西方理论和西方话语为主导,另一方面又根植于中国的政治、经济、文化和社会土壤之中。由于接受不同的文化和制度滋养,人们对规则的要求和遵守带有极强的本土特征。❷规则和制度的移植必须要有文化的支持,在没有相应文化支持的条件下,制度移植很可能仅仅是制定者的游戏。中国知识产权政策体系必然面对制度移植后的本土化问题,如何选择、取舍与改造将决定政策的导向。

---

❶ 江登英,康灿华.基于创新激励的知识产权模型与政策分析[J].武汉理工大学学报,2009(16):174.

❷ 信春鹰.法律移植的理论与实践[J].北方法学,2007(3):13.

第五章 创新驱动发展：知识产权政策如何发力

第一节 本书的主要观点和结论

一、自主创新与知识产权政策

创新是发展的引擎。在全球化背景下，无论是发达国家，还是发展中国家，都需要解决知识的创造与流动问题。基于国际公约的比较，对鼓励自主创新与遵守国际规则之间的关系以及WTO框架下知识产权保护进行了研究。

本书认为，自主创新能力是国家竞争力的核心，鼓励自主创新的法律政策一方面对促进我国内生性科技发展起到了很好的引导作用；另一方面则可能引起国际贸易争端。自主创新政策还面临着如何与国际规则协调的现实问题。鉴于国民待遇原则是众多知识产权公约所确认的首要原则，是现行知识产权国际保护的基石，因此，如何履行WTO体系的国民待遇义务，如何利用国民待遇条款为鼓励自主创新争取更加公平合理的环境,是非常重要的现实课题。同时,我国政府承受着美国和欧盟在知识产权保护方面的压力,如何在WTO框架下解决可能面临的争端变得非常紧迫。

知识产权制度具有浓厚的公共政策色彩,很大程度上是各国为促进本国经济社会发展而采取的政策性手段,在保护范围和保护强度方面,都存在政策上的考虑和利益上的平衡。发达国家除了追求超TRIPs待遇,还试图通过建立新的多边贸易协定进一步在全球范围内提高知识产权保护标准,控制各国相关领域的域内立法,进而在全球市场上实现其双重收益,即一方面通过自由贸易以降低劳动力密集型产品的价格,另一方面通过加强知识产权保护以提高知识密集型产品的价格。

当知识产权保护突破以《巴黎公约》和《伯尔尼公约》为代表的传统国际保护体系框架,与贸易规则紧密结合在一起时,贸易成为撬动全球利益的支点,知识产权的"力臂"长短将决定发达国家与发展中国家间的力量对比。在全球化时代的今天,鼓励自主创新与现行知识产权国际保护体系并不矛盾,一个鼓励自主创新的知识产权制度必然根植于开放的社会制度之上。

二、创新环境与知识产权政策

各国的创新政策始终处于不断调整之中,以满足国家在不同阶段的发展需求。基于国际视角的比较,开展了企业专利竞争政策、知识产权创新人才政策的实践研究。

研究认为,全球化时代,企业的竞争策略往往与国家战略密切联系。中日两国分别于2008年和2003年颁布并实施国家知识产权战略。作为实施知识产权战略的核心,企业的研发实力和在全球范围内的专利获取能力,不仅将决定自身在市场竞争中的地位,也将影响本国的国际竞争力。企业的专利竞争，最终将发展为一场自主创新能力的博弈。对中国企业而言，挑战与机遇并存：一方面，在全球竞争中，像日本这样的先行者，熟悉市场规则，垄断基础专利，占据着优势竞争地位；另一方面，随着中国综合国力的增强，中国企业背后不仅有巨大的中国市场，还有强劲的经济增长动力以及充沛的科研经费支持，这些都是陷入经济增长停滞状态的国家无法企及的有利条件。因此，下一个10年，将是中国企业能否全面发展与逐步赶超日本企业的战略机遇期，而调整和优化以创新为导向的知识产权政策至为关键。

芬兰国家创新体系与创新人才职业发展的实践证明，通用技能教育和职业规划教育是创新人才培养中亟需完善的关键，也是实施创新驱动发展战略中知识产权人才政策尤其需要明确的方向。应当借鉴芬兰经验，对我国大学创新人才职业发展教育进行完善和发展。具体而言，第一，重视务实性：完善通用技能教育。建议高校研究生院开设通用技能教育课程，例如写作技能、演讲技能、学术研究伦理、研究职业的劳动法问题、专利申请、知识产权的管理和运营、项目管理、跨文化合作、国际交往能力等课程。第二，强调前瞻性：开展职业规划教育。建议高校研究生院和就业指导机构增加博士生职业规划指导讲座或培训，例如举办如何申请各类科研资助的讲座、举办毕业博士生就业经验交流会、邀请学术前辈分享研究生涯、开设有关学术职业前景和发展规划的研讨等。

三、创新模式转换与知识产权政策调整

国家创新体系是一个包括技术、各种制度、机制等要素的复杂的系统。选取典型产业，密切联系产业升级、经济转型、战略性新兴行业发展，对完善和优化现有知识产权政策进行了系统分析和研究。

基于药品产业的研究发现，鉴于专利对药品价格的影响，药品知识

产权所涵盖的绝不仅是私人利益的分配问题和经济问题,而是涉及道德问题和政治问题。为了确保全球健康资源的公平分配和利用,《TRIPs 协议》及《多哈宣言》对药品专利权进行限制,其中最重要的是为了公共健康目的和惠及最少受惠者的强制许可制度,以及权利用尽和平行进口制度。与此同时,《TRIPs 协议》出于对效益与效率的考虑,对药品知识产权在某些方面也提供了强化保护机制,例如延长药品专利期,以及对未公开的试验数据提供保护。对药品知识产权法律和政策的评价应当被纳入卫生公平体系内考量,以推动国际知识产权规则朝着普惠、包容方向发展。因此,药品知识产权政策突出了卫生公平的政策导向。

基于网络音乐产业的研究发现,网络环境给音乐版权带来了巨大的挑战,传统的音乐版权制度,在新技术的条件下显得无所适从。面对网络盗版的冲击,音乐产业积极寻求各种方式来遏制和打击盗版,但依然收效甚微。此时,不妨转换思路,与其用各种方式对盗版围追堵截,不如创新商业模式,让更多的正版音乐流入市场。音乐版权好比一座大坝,面对盗版洪水的来袭,不仅要加固大坝,还要想办法疏通下游河道,将洪水顺利引向下游。所以,未来音乐产业健康发展的关键就是培育出适合网络环境的音乐版权商业模式。显然,单一的商业模式很难适应网络环境的发展要求,音乐版权多种商业模式并存将是一种趋势。因此,网络音乐版权政策注重以多元化需求为导向。

基于低碳技术产业的研究发现,低碳发展,会引发新技术的诞生;伴随这些新技术,需要创造全新的技术运营模式。由于专利权导致技术垄断,产生过高的交易成本,成为投资者和生产者市场准入的障碍,并可能对后续技术创新产生威胁。为了解决绿色专利许可中遇到的问题,特别是针对专利授权中许可费用过高、实施条件复杂的问题,目前一些具有远见和探索精神的公司在这个领域进行了共享专利和开放专利的尝试。依据对粤港低碳技术及其发展态势的分析,建议在粤港企业间构建低碳技术共享专利池，即通过分享创新技术和解决方案来支持企业的可持续发展以达成共同利益；建议通过政府收购或出资的方式形成有利的许可环境，即由政府采购部分或全部买断某些低碳技术专利权，构建公益性共享专利池对相关技术加以推广使用。粤港低碳技术共享专利池的建设不仅会推动经济发展，同时这种环保、可持续的发展模式能够提供更优质的生活品质，因而更容易吸引人才并激发人的创造力，这些都将进一步刺激粤港经济地带的发展潜力。低碳技术共享专利池的构建不仅能带来经济效益，更具有广泛的社会效益和环境效益。因此，区域间低碳技术共享专利池政策强调以绿色发展为导向。

四、创新驱动发展与知识产权政策导向

新一轮的知识产权制度设计必须以创新驱动发展战略为指导，适应经济全球化的格局。基于对知识产权制度的反思，对全球化时代知识产权制度的走向、创新驱动发展战略的知识产权政策导向进行了研究。

研究指出，随着全球化的发展，知识产品通过国际贸易在世界范围内流动，带来了前所未有的法律挑战。一方面，国际公约已取代基于国内价值评估的法律制定，成为知识产权立法领域的主导模式，知识产权制度在全球趋同化。另一方面，法律的政治和文化性必须得到考虑，知识产权应有的文化价值和社会功能必须得到尊重，域内立法得以差异化运作。全球化给中国带来的机遇将取决于我们如何参与全球化进程——对发展中国家而言，最大挑战是不仅需要遵守国际公约承诺，同时需要有效促进本国优先发展事项，在符合国际规则与降低社会和经济成本之间寻求变通。

实施创新驱动发展战略，就是要使市场在资源配置中起决定性作用和更好地发挥政府作用，破除一切制约创新的思想障碍和制度樊篱，激

发全社会创新活力和创造潜能,提升劳动、信息、知识、技术、管理、资本的效率和效益,强化科技同经济对接,创新成果同产业对接的角度措施,创新项目同现实生产力对接,研发人员创新劳动同其利益收入对接,增强科技进步对经济发展的贡献度,营造大众创业、万众创新的政策环境和制度环境。

知识产权是科技成果转化的有效途径,是创新和市场之间的桥梁与纽带,是实现从科技强到产业强再到经济强的重要中间环节,是解决科技成果向现实生产力转化"最后一公里问题"的有效途径。综合起来判断,我国正处于国际经济科技赶超和国内创新发展期,知识产权保护更应该注重创新发展需求和体现阶段性特征:既要注重刚性,坚持高标准严要求,坚持强化保护不动摇;又要注重弹性和政策性,考虑发展水平和承受能力。

如何全方位反映和平衡各方的利益诉求是知识产权政策能否有效运行的关键。要使社会福利达到最大化,基于创新激励导向,应采取平衡型政策,在社会福利水平、补偿在先创新者利润和社会总体创新效率三者之间寻求最优解,达到多方利益平衡。此外,中国知识产权制度一方面以西方理论和西方话语为主导,另一方面又根植于中国的政治、经济、文化和社会土壤之中。由于接受不同的文化和制度滋养,人们对规则的要求和遵守带有极强的本土特征。规则和制度的移植必须要有文化的支持,在没有相应文化支持的条件下,制度移植很可能仅仅是制定者的游戏。因此,中国知识产权政策体系必然面对制度移植后的本土化问题,如何选择、取舍与改造将决定政策的导向。

第二节　政策建议

一、知识产权政策与国际竞争格局

知识产权保护背后体现的是国家之间产业结构的比拼，拥有更为现代产业结构的国家，知识产权保护就会体现该国的利益。知识产权保护态度、标准和方向的把握，都是以根据国内外形势的要求确定其现实方位为前提和基础的。对于发展中国家如中国而言，重要的是如何更好地开展科技和产业创新，在完善知识产权制度的同时增强知识产权领域的比较优势，并且在知识产权对外交往中，通过吸收他国的经验与教训，采取更有针对性和前瞻性的应对之策。

二、技术创新与技术引进的互动

"创新驱动"不能简单等同于"科研驱动"。创新驱动不仅包含科技创新与开发，还涵盖直接促进经济发展，建立新经济发展模式，建立新商业模式和新经营管理机制的新要求和新特征。因此，创新驱动进一步突出强调了通过各领域创新对全局发展的驱动作用。实施创新驱动战略，不仅要重视发展科研，还要重视技术转移，要重点发展技术市场，健全技术转移机制。另外，技术吸收能力差，从知识产权保护中获益程度低。制定知识产权政策同样要考虑区域间发展不均衡的影响，注意平衡区域间利益。现阶段的知识产权公共政策仅仅鼓励自主创新是不够的,还必须促进技术扩散,必须强调技术的消化吸收,知识产权保护的程度要与对技术的吸收能力相适应。

三、政府在知识产权政策体系中的作用

国家知识产权战略是我国知识产权公共政策的总政策(总路线、总方针),是政策体系中具有统摄性的政策,政府必须在国家知识产权战略中处于主导地位。发达国家在知识产权战略方面取得的成功经验,可作为我国政府角色定位的借鉴。政府发挥主导作用最为常见的手段,一是资助政策,主要是指专利费用资助政策;二是政府采购,通过采购创新产品降低企业自主创新的市场风险和技术风险。经济转型的迫切需要决定了当前中国不能依赖自然增长,而必须通过政府推进来实现创新驱动。但是,完全由国家包办的技术研发和创新,无法真正激发社会创新精神。因此,知识产权政策体系的建设应当找准创新主体的现实需求,并建立协调机制,实现政府主导知识产权政策与创新主体政策要求之间的匹配。

四、市场对创新资源配置的功效

知识产权保护依市场结构的变动而发生变化。为了最大限度地促进创新,法律必须建立开放竞争的制度,但是超额利润来自于垄断的市场力量而非竞争。由此,专利法为创新创造了公开竞争的环境,同时给予优胜者(即专利权人)一定期限的市场垄断力。对中国而言,重要的是在加强知识产权保护制度的同时发挥市场的决定性作用。这要求中国保持改革开放的政策不动摇,对企业进行结构性调整使其更具竞争性。

对于个别盗版盛行或整个产业建立在仿制基础之上的领域,随着加强知识产权保护力度,这些劳动力必须寻找其他的替代性工作。灵活的劳动力市场和经济的迅速发展,将有助于将劳动力转移的代价缩小到最低限度。

五、知识产权政策与竞争政策的协调

知识产权保护是把双刃剑,保护不足不利于激励创新,保护过度同样会侵占公有领域,阻碍全社会的创新。强大的知识产权与有力的反垄断政策在促进创新的共同目的上是同一枚硬币的两面。知识产权政策提供了政府许可的短期性垄断,而竞争政策又试图阻止垄断的出现。知识产权政策关注的是提供合理预期的事先刺激,而反垄断政策关注的是事后的刺激。因此,对法院和政策决定者而言,一个重大问题是如何找到经济上的合理平衡,在最大限度地限制不正当竞争行为的同时促进创新。同时,对于滥用知识产权的行为也需要周全的法律制度来制衡,系统化制定知识产权的反垄断审查规则将有利于反垄断执法机构在知识产权领域更好地执法,提高执法的透明度。

六、知识产权政策与其他配套政策

一直以来,中国知识产权政策的主要目标都是权利界定和侵权惩戒,即鼓励知识产权申请和对知识产权侵权行为进行惩戒。然而,对企业形成直接影响且确实能够对创新绩效形成影响的财税措施并没有得到足够重视,且没有具体的金融、税收等方面的扶持政策来支撑知识产权服务的创新与发展。显然,目前的政策尚缺乏完善知识产权流通市场的切实措施。另外,知识产权管理环节的缺失和薄弱也成为创造质量提升的阻碍。运用水平提高和保护机制完善的矛盾,导致现阶段我国知识产权制度对于促进创新资源高效配置和综合集成的作用不显著,对于支撑经济社会创新发展的效益有限。因此,必须进一步强化知识产权政策与其他配套政策在价值取向、运行机制等方面的衔接与融合。

参考文献

(一)中文文献

[1]VTT:架起知识产权与知识转化的桥梁[J].上海科技发展研究中心编.
科技发展研究,2008,206(8).

[2]阿玛蒂亚·森,[阿]贝纳多·科利克斯伯格.以人为本:全球化世界的
发展伦理学[M].马春文,李俊江,译.长春:长春出版社,2012.

[3]安佰生.国际贸易政策视角下的知识产权制度[J].科技促进发展,
2012(7):18.

[4]彼得·达沃豪斯.信息封建主义[M].刘雪涛,译.北京:知识产权出版
社,2005:10-12.

[5]曹健林.实施创新驱动发展战略的三个关键[J].全球化,2015(3):
113-115.

[6]常凯.日本三菱公司知识产权管理的特色[J].电器工业,2002(4):
57-58.

[7]车丕照,杜明.WTO协定中对发展中国家特殊和差别待遇条款的法律
可执行性分析[J].北大法律评论,2005(2):287-304.

[8]陈可南.全球低碳技术专利发展态势分析[J].科学观察.2011(3):
44-50.

[9]陈宇峰,曲亮.知识产权保护的负面效应与发展中国家的回应性政策
研究[J].国际贸易问题,2005(11):126-127.

［10］程桂云.芬兰国家创新系统解析［J］.学术论坛,2006(7):145-146.

［11］池内宽幸.专利激情在燃烧——一名日本专利人的自述［M］.丁英烈,等,译.北京:知识产权出版社,2003.

［12］戴维·格伯尔.全球竞争:法律、市场和全球化［M］.陈若鸿,译.北京:中国法制出版社,2012:前言第3.

［13］德霍斯.知识财产法的哲学［M］.周林,译.北京:商务印书馆,2008:134.

［14］董涛.我们究竟需要什么样的知识产权创造"扶助"政策?——兼论知识产权创造者的社会责任［J］.科学学研究,2009(3).

［15］董涛.中国知识产权政策十年反思［J］.知识产权,2014(3)59.

［16］段然.印度颁布首个药品强制许可［J］.中国发明与专利,2012(5).

［17］扼杀中国打印机"337大棒"砸向中国兼容耗［J］.计算机世界,2010,8(2).

［18］冯象.如果我们结束知识产权［EB/OL］.2012年3月26日同济大学演讲"观察者网笔录",http://www.guancha.cn/feng-xiang/2012_03_27_69743.shtml.

［19］冯象.政法笔记［M］.江苏人民出版社,2004:248.

［20］冯象.知识产权的终结——"中国模式"之外的挑战［J］.李一达,译.文化纵横,2012(3).

［21］冯晓青.科技创新体制与我国知识产权公共政策的完善［J］.吉首大学学报(社会科学版),2013(2).

［22］冯瑄,董建龙等.创新——芬兰科教兴国的启示［M］.中国软科学,1999(6):12-13.

［23］高鸿钧.法律移植:隐喻、范式与全球化时代的新趋向［J］.中国社会科学,2007(4).

［24］高鸿钧.现代法治的出路［M］.清华大学出版社,2003.

[25]苟尤钊,曾国屏.政府采购:科技型中小企业"助推器"——以美国为例[J].科技与经济,2014(6).

[26]国家知识产权局规划发展司,中国专利技术开发公司.战略性新兴产业发明专利统计分析总报告[R].2013:32.

[27]国家知识产权局规划发展司.专利统计简报[R].2011(18).

[28]国家知识产权局规划发展司.专利统计简报[R].2012(11).

[29]国家知识产权局规划发展司.专利统计简报[R].2012(3).

[30]何隽.从绿色技术到绿色专利——是否需要一套因应气候变化的特殊专利制度?[J].知识产权,2010(1):38-39.

[31]何隽.日本企业在华专利战略研究[J].法律与科技,2010(3):55-58.

[32]何艳霞.巴西首次颁布药品专利强制许可[N].中国知识产权报,2007-6-20(4).

[33]何艳霞.泰国欲对4种癌症药品实施强制许可[N].中国知识产权报,2007-11-9(4).

[34]胡祖六.关于中国引进外资的三大问题[J].国际经济评论,2004(2).

[35]胡祖六.知识产权保护和中国经济的未来[J].国际经济评论,2002(4):24-28.

[36]江登英,康灿华.基于创新激励的知识产权模型与政策分析[J].武汉理工大学学报,2009(16).

[37]姜华.香港未来可望引入"原授专利"制度[J].中国专利与商标,2014(1):84-85.

[38]教育部.2012年全国教育事业发展统计公报[N].中国教育报,2013-8-17(2).

[39]晋盛武,陈焱,陈建东.日本企业研发结构及其创新特征[J].中国科技论坛,2009(6):142-143.

[40] 久貝卓. 知的財産戦略の評価と今後の方向－新たな知財政策の開始を[R]. 経済産業研究所. RIETI Policy Discussion Paper Seires 10-P-006, 2010(8).

[41] 克里斯·安德森. 长尾理论[M]. 乔江涛, 译. 北京: 中信出版社, 2006: 11.

[42] 孔祥俊. 当前我国知识产权司法保护几个问题的探讨——关于知识产权司法政策及其走向的再思考[J]. 知识产权, 2015(1): 3-4.

[43] 孔祥俊. 全球化、创新驱动发展与知识产权法治的升级[J]. 法学论坛, 2014(1).

[44] 兰德斯, 波斯纳. 知识产权的经济结构[M]. 金海军, 译. 北京: 北京大学出版社, 2005: 380-381.

[45] 李波. 如何协调政策性政府采购与加入〈政府采购协议〉的矛盾[J]. 中国政府采购 2002(11): 27-28.

[46] 李春景, 杜祖基. 芬兰科技政策演进与科技竞争力发展研究[J]. 科技政策与管理, 2006(12).

[47] 李良成, 高畅. 基于内容分析法的知识产权服务政策研究[J]. 技术经济与管理研究, 2014(3).

[48] 李顺德. 国企在技术创新中要加强知识产权保护[J]. 政策, 2001(4): 45-46.

[49] 李文中. 知识产权与WTO[J]. 对外经贸实务, 2001(3).

[50] 李雪. Panasonic: 三位一体+本土化战略[J]. 中国知识产权, 2009(9).

[51] 梁冬梅. 公车采购新政冲击[J]. 新世纪周刊, 2012(11).

[52] 林毅夫, 孙希芳. 经济发展的比较优势战略理论[J]. 国际经济评论, 2003(6).

[53] 林毅夫. 技术创新、发展阶段与战略选择[J]. 北京大学中国经济研

究中心简报,2003(58).

[54]刘昌黎.日本对华直接投资的新发展、新特点及其对策[J].现代日本经济,2012(1).

[55]刘春田.知识产权制度是创造者获取经济独立的权利宪章[J].知识产权,2010(6).

[56]刘春田.知识产权制度与国家创新体系[J].法制资讯,2014(Z1).

[57]刘恩东.利益集团与美国知识产权政策[J].国际资料信息,2007(9).

[58]刘华,孟奇勋.公共政策视阈下的知识产权利益集团运作机制研究[J].法商研究,2009(4).

[59]刘家瑞.论知识产权地域性在国际保护中的新发展[J].政法论丛,1998(5).

[60]刘金章.直销学概论[J].南京:东南大学出版社,2012.

[61]刘雪凤,高兴.促进我国自主创新能力建设的知识产权政策研究[J].科学管理研究,2014(3):22-23.

[62]刘雪凤.国家知识产权战略中政府的角色定位分析——从政策过程视角[J].理论探讨,2009(2).

[63]刘银良.美国域外知识产权扩张中的论坛选择政策研究:历史、策略与哲学[J].环球法律评论,2012(2):123-139.

[64]龙怒.芬兰科技创新经验对浦东高科技发展的启示[J].科技进步与对策,2010(2).

[65]吕可珂.日立专利信息检索系统digi-patent/s进驻中国市场[J].中国发明与专利,2011(12).

[66]吕晓杰,等.入世十年　法治中国——纪念中国加入世界贸易组织十周年访谈录[M].人民出版社,2011.

[67]罗靖.日本——迅速发展的光伏市场[N].中国有色金属报,2013-8-

15.

[68]马斯库斯.从宏观政策角度看知识产权与经济发展的关系[J].王寅通,陈威,校.现代外国哲学社会科学文摘,1999(12):35-40.

[69]马一德.创新驱动发展与知识产权战略实施[J].中国法学,2013(4):34-38.

[70]迈克尔·桑德尔.金钱不能买什么:金钱与公正的正面交锋[M].邓正来,译.北京:中信出版社,2012:XV-XVI.

[71]梅夏英,姜福晓.网络环境中著作权实现的困境与出路——基于P2P技术背景下美国音乐产业的实证分析[J].北方法学,2014(5).

[72]美中贸易全国委员会.2010年USCBC会员公司最关注事项调查结果.[R/OL].2010,http://www.uschina.org/public/documents/ 2010/12/us-cbc_members_survey_chinese.pdf.

[73]美中贸易全国委员会.USCUB会员公司最关注事项调查结果[R/OL],2009. http://www. uschina. org / public / documents / 2009 / 12 / uscbc_member_survey_chn.pdf.

[74]苗妙,魏建.知识产权行政执法偏好与企业创新激励——基于转型期"大调解"机制政策效果的分析[J].产业经济研究,2014(6).

[75]潘士远,林毅夫.发展战略、知识吸收能力与经济收敛[J].数量经济技术经济研究,2006(2).

[76]彭纪生,孙文祥,仲为国.中国技术创新政策演变与绩效实证研究(1978-2006)[J].科研管理,2008(7).

[77]彭茂祥.我国知识产权公共政策体系的构建[J].知识产权,2006(5).

[78]曲三强.被动立法的百年轮迥——谈中国知识产权保护的发展历程.[J].中外法学,1999(2).

[79]人力资源与社会保障部.2012年度人力资源和社会保障事业发展统

计公报[N].中国组织人事报,2013-5-29(8).

[80]日本光伏企业结盟"出海"[J].能源技术经济,2012(1).

[81]日本国特許庁.特許行政年次報告書2013年版[R].2013:52-53.

[82]日本通商産業省産業政策局.日本経済の構造改革:産業構造審議会総合部会基本問題小委員会中間とりまとめ[R].東洋経済新報社,1997:202-204.

[83]日本知的財産戦略本部.知的財産の創造、保護及び活用に関する推進計画[R].2003年7月8日.

[84]日本総務省統計局.日本統計年鑑平成25年[R].2013.

[85]萨妮亚·雷德·司密斯.超TRIPs条款及其对药物可及性的影响[N].中国知识产权报,2007-12-5(9).

[86]申长雨.知识产权是支撑经济发展新常态的重要因素[J].全球化,2015(3):111-113.

[87]沈国兵.《TRIPs协议》下中国知识产权保护的核心难题及基准[J].财经研究,2008(10).

[88]盛杰民,吴韬.多边化趋势——WTO(政府采购协议)与我国政府采购立法[J].国际贸易,2001(4):46-49.

[89]盛亚,孔莎莎.中国知识产权政策对技术创新绩效影响的实证研究[J].科学学研究,2012(11).

[90]盛亚,沈宏韬.我国企业自主创新的知识产权政策需求与影响机制研究——以两家企业为例[J].科技管理研究,2012(6):158-159.

[91]司春林.技术创新的溢出效应——知识产权保护与技术创新的政策问题[J].研究与发展管理,1995(3).

[92]宋伟,徐飞,张心悦.政策溢出视角下的区域知识产权政策绩效提升研究——基于我国29个省、市、自治区的实证分析[J].科学学与科学技术管理,2012(7).

［93］苏姗·K.塞尔.私权、公法——知识产权的全球化［M］.董刚,周超,译.北京:中国人民大学出版社,2008:118.

［94］孙振宇.中国入世十年得失盘点［J］.国际经济评论,2011(5).

［95］唐柳雯,吴哲.广东有机会成为中国低碳领跑者［N］.南方日报,2013-7-12(A18).

［96］田力普.以知识产权驱动创新［J］.中国科技产业,2015(7):18-19.

［97］托马斯·弗里德曼.世界是平的［M］.何帆、肖莹莹、郝正非,译.长沙:湖南科学技术出版社,2006.

［98］王保安.积极运用财政政策促进国家知识产权战略［J］.中国资产评估,2007(12).

［99］王春燕.论知识产权地域性与知识产权国际保护［J］.中国人民大学学报,1996(3).

［100］王红领,李稻葵,冯俊新.FDI与自主研发:基于行业数据的经验研究［J］.经济研究,2006(2):44-51.

［101］王先林.竞争政策与知识产权［J］.经济法论丛,2005(1).

［102］王一乔.战略性新兴产业的知识产权公共政策分析［J］.法制与社会,2015(3):250-251.

［103］王珍愚,单晓光.日本的知识产权公共政策及对中国的启示［J］.财贸研究,2008(6):120-123.

［104］王志平,张春美,蒋为群,陈雅丽.纽约州政府科技创新政策体系研究及启示［J］.上海行政学院学报,2005(2).

［105］我国知识产权保护力度加大,管理水平提高——兼述《关于实施国家中长期科学和技术发展规划纲要(2006-2020)的若干配套政策》实施进展［J］.科技促进发展,2015(1):79-80.

［106］吴汉东.关于知识产权本体、主体与客体的重新认识——以财产所有权为比较研究对象［J］.法学评论,2000(5).

[107] 吴汉东. 利弊之间:知识产权制度的政策科学分析[J]. 法商研究, 2006(5).

[108] 吴汉东. 中国应建立以知识产权为导向的公共政策体系[J]. 中国发展观察, 2007(5).

[109] 吴汉东. 中国知识产权法制建设的评价与反思[J]. 中国法学, 2009(1).

[110] 吴伟光. 版权制度与新媒体技术之间的裂痕与弥补[J]. 现代法学, 2011(3).

[111] 香港专利改革:拟增设"原授专利"制度[J]. 中国专利与商标, 2013(2).

[112] 肖尤丹. 面向国家知识产权战略实施的知识产权管理及其促进政策[J]. 中国科学院院刊, 2013(4):419-420.

[113] 谢庆奎. 入世与政府先行[M]. 北京:中信出版社, 2003.

[114] 信春鹰. 法律移植的理论与实践[J]. 北方法学, 2007(3).

[115] 许超. 关贸总协定与我国的著作权保护[J]. 著作权, 1994(1).

[116] 燕聚鸣读书小组整理. 应对法律全球化的中国战略思考——"法律全球化高端战略研讨会"纪要[J]. 清华法学, 2012(3).

[117] 杨国华. WTO与知识产权协定[J]. 中国经贸, 2000(7).

[118] 杨静, 朱雪忠. 国家知识产权政策体系建设之语境与维度——基于促进自主创新能力建设视角[J]. 科技进步与对策, 2013(8).

[119] 叶盛基. 中国新能源汽车产业发展现状与展望[J]. 汽车与安全, 2013(6).

[120] 易先忠, 张亚斌. 不均质后发大国知识产权保护政策困境[J]. 国际经贸探索, 2007(2).

[121] 于立, 吴绪亮. 保反兼顾、内外协调的知识产权政策[J]. 中国工业经济, 2010(5).

［122］约翰·H. 巴顿，等. 贸易体制的演进：GATT 与 WTO 体制中的政治学、法学和经济学［M］.廖诗评，译.北京：北京大学出版社，2013.

［123］约翰·杰克逊. 国家主权与 WTO：变化中的国际法基础［M］.赵龙跃，左海聪，盛建明，译. 北京：社会科学文献出版社，2009.

［124］曾航. 一只 iPhone 的全球之旅［M］.南京：凤凰出版社，2011.

［125］詹姆斯·巴克斯. 贸易与自由［M］.黄鹏，译. 上海：上海人民出版社，2013.

［126］战略性新兴产业发明专利统计分析总报告［R］，2013：1.

［127］张鹏. 知识产权公共政策体系的理论框架、构成要素和建设方向研究［J］.知识产权，2014（12）.

［128］张勤. 论自主创新与自主知识产权［J］.知识产权，2010（6）.

［129］张文，赵子铭. P2P 网络技术原理与 C++开发案例［M］.人民邮电出版社，2008.

［130］张小瑜. 中国加入 WTO《政府采购协议》的机遇与挑战［J］.对外经贸实务，2009（11）：4-8.

［131］赵旭梅. 日本知识产权政策的递减效应与战略转型［J］.东北亚论坛，2013（4）：61-62.

［132］郑成思. 知识产权法［M］.北京：法律出版社，1997.

［133］郑成思. 中国入世与知识产权保护［J］.法学，2002（4）.

［134］中国互联网信息中心. 第 34 次中国互联网络发展状况统计报告［R］.2014.

［135］周志军. 我国网络音乐行业加速整合［N］.中国文化报，2015-7-9（2）.

（二）英文文献

［1］A. JAHITHA BEGUM，M. VAKKIL. IPR in The Ear of Globalization［M］//

MU RAMKUMAR & A JAYAKUMAR (eds.). Intellectual Property Rights Demystified. New Delhi: New India Publishing Agency, 2008: 97.

[2] ABRAHAM LINCOLN. Lecture on Discoveries and Inventions (11 February 1859) [M]// DON E. FEHRENBACHER (ed.). ABRAHAM LINCOLN: Speeches and Writings, 1859 1865. Library of America, 1989: 11.

[3] Academy of Finland. Towards Quality, Transparency and Predictability in Doctoral Training [R], 2011: 1–17.

[4] AMARTYA SEN. Foreword [M]// JENNIFER PRAH RUGER. Health and Social Justice, Oxford: Oxford University Press, 2010: ix.

[5] AMARTYA SEN. Why health equity? [J]. 11 Health Economics, 2002: 659–666.

[6] AmCham (The American Chamber of Commerce P. R. China). 2011 China Business Climate Survey Report [R/OL]. http://www.amcham china.org/up-load/cmsfile/2011/03/22/efb2ab9d3806269fc343f640cb33baf9. pdf.

[7] AMY JOCELYN GLASS. Intellectual Property Policy and International Technology Diffusion [R/OL] Department of Economics. Texas A&M University, College Station, Available at: http://econweb.tamu.edu/aglass/ippitd. pdf.

[8] ANDREW C. MERTHA. The Politics of Piracy: Intellectual Property in Contemporary China [M]. Ithaca: Cornell University Press, 2005: 129.

[9] ANTHONY E. CASSIMATIS. Human Rights Related Trade Measures Under International Law: The Legality of Trade Measures Imposed in Response to Violations of Human Rights Obligations under General International Law [M]. Leiden: MartinusNijhoff Publishers, 2007: 139–140.

[10] ANTONY TAUBMAN. A Practical Guide to Working with TRIPs [M]. Oxford: Oxford University Press, 2011: 69.

[11] ARMIN VON BOGDANDY. Law and Politics in the WTO—Strategies to Cope with a Deficient Relationship [M]// JOCHEN A. FROWEIN, RÜDI-GER WOLFRUM & CHRISTIANE E. PHILIPP (eds.). Max Planck Yearbook of United Nations Law, Vol. 5 (2001). Leiden: Kluwer Law International, 2001.

[12] ARVIND SUBRAMANIAN. India as User and Creator of Intellectual Property: The Challenges Post-Doha [M]// AADITYA MATTOO, ROBERT M. STERN (eds.). India and The WTO. Washington, DC: The World Band & Oxford University Press, 2003: 188-192.

[13] BEATE SCHOLZ. etc. Research Careers in Europe: Landscape and Horizons [M]. Strasbourg: European Science Foundation, 2009: 17.

[14] BHAGIRATH LAL DAS. The World Trade Organization: A Guide to the New Framework for International Trade [M]. New York: Zed Books & Third World Network, 1999: 355-356.

[15] BRIAN HINDLEY. The TRIPs Agreement: The Damage to the WTO [M]// MEIR PEREZ PUGATCH (ed.). The Intellectual Property Debate: Perspectives from Law, Economics and Political Economy. London Edward Elgar Publishing, 2006: 40-41.

[16] CARLOS M. CORREA. Intellectual Property Rights, the WTO and Developing Countries: The TRIPs Agreement and Policy Options [M]. London: Zed Books, 2000: 21.

[17] CAROLYN DEERE-BIRKBECK. Developing Countries in the Global IP System Before TRIPs: The Polictical Context for The TRIPs Negotiations [M]//CARLOS MARIA CORREA (ed.). Research Handbook on the Protection of Intellectual Property under WTO Rules. Chelenham: Edward Elgar Publishing, 2010.

[18] CATHERINE COLSTON, JONATHAN GALLOWAY. Modern Intellectual Property Law, 3nd edifion[M]. Abingdon: 3/e. Routledge, 2010: 9.

[19] CLAUDIA R. FRISCHTAK. Harmonization Versus Differentiation in Intellectual Property Regimes[M]// MITCHEL B. WALLERSTEIN, MARY E. MOGEE & ROBERTA A. SCHOEN (eds.). Global Dimensions of Intellectual Property Rights in Science and Technology. National Academy Press, 1993: 90–91.

[20] Commerce and Economic Development Bureau. Intellectual Property Department: Review of the Patent System in Hong Kong[R]. 2011: 2.

[21] Commission on Intellectual Property Rights, Integrating Intellectual Property Rights and Development Policy: Report of the Commission on Intellectual Property Rights[R]. London September 2002: 41–42.

[22] DAN L. BURK, MARK A. LEMLEY. The Patent Crisis and How the Courts Can Solve It[M]. Chicago and London: The University of Chicago Press, 2009: 20.

[23] DANIEL J. GERVAIS. The TRIPs Agreement and the Doha Round: History and Impact on Economic Development[M]// PETER K. YU (ed.). Intellectual Property and Information Wealth: Issues and Practices in the Digital Age. Westport: Praeger, 2007: 31.

[24] DAVID A. BALTO, ANDREW M. WOLMAN. Intellectual Property and Antitrust: General Principles[J]. IDEA: The Journal of Law and Technology, Volume 43, 2003: 412–413.

[25] DAVID T. KEELING. Intellectual Property Rights in EU Law [M]// Volume I: Free Movement and Competition Law[M]. New York: Oxford University Press, 2003: 22–24.

[26] DONALD G. MCFETRIDGE. Intellectual Property, Technology Diffusion

and Growth in the Canadian Economy [M]// ROBERT D. ANDERSON & NANCY T. GALLINI. Competition Policy and Intellectual Property Rights in the Knowledge-Based Economy. Calgary: University of Calgary Press, 1998:73.

[27] DOUG PALMER. US to Press China on Indigenous Innovation [N/OL]. Reuters News, [2011-05-22]. http://www.reuters.com/article/2010/05/12/usa-china-trade-idUSWAT014463320100512.

[28] DOUGLAS LIPPOLDT. Can Stronger Intellectual Property Rights Boost Trade, Foreign Direct Invest¬ment and Licensing in Developing Countries? [M]//MEIR PEREZ PUGATCH (ed.). The Intellectual Property Debate: Perspectives from Law, Economics and Political Economy. Cheltenham, Horthampon: Edward Elgar Publishing, 2006:45.

[29] DUANE NASH. South Africa's Medicines and Related Substances Control Amendment Act of 1997 [J]. Berkeley Technology Law Journal, 2000 (15):491-497.

[30] ERIC L. JONES. A Long-term Appraisal of Country Risk [M]// ROSS GARNAUT & YIPING HUANG (eds.). Growth without Miracles: Reading on the Chinese Economy in the Era of Reform. New York Oxford University Press, 2001:83.

[31] ERNST-ULRICH PETERSMANN. From Negative to Positive Integration in the WTO: The TRIPs Agreement and the WTO Constitution [M]// THOMAS COTTIER, PETROS C. MAVROIDIS(eds.). Intellectual Property: Trade, Competition and Sustainable Development. Ann Arbor: The University of Michigan Press, 2003:24-27.

[32] FREDERICK M. ABBOTT. The Doha Declaration on the TRIPs Agreement and Public Health: Lighting a Dark Corner at the WTO [J]. Journal

of International Economic Law, 2002(5):498-499.

[33] GAIL E. EVANS.Lawmaking under the Trade Constitution: A Study in Legislating by the World Trade Organization[M]. Hague: Kluwer Law International, 2001.

[34] GEORG H. C. BODENHAUSEN. Guide to the Application of the Paris Convention for the Protection of Industrial Property as Revised at Stockholm in 1967[M]. WIPO Publication, BIRPI, 1968:12.

[35] GERD SCHIENSTOCK, TIMO HAMALAINEN. Transformation of the Finnish Innovation System: A Network Approach[M]. Helsinki: HakapainoOy, 2001.

[36] GRAEME B. DINWOODIE, ROCHELLE C. DREFUSS. Enhancing Global Innovation Policy: The Role of WIPO and Its Conventions in Interpreting the TRIPs Agreement[M]// CARLOS MARIA CORREA(ed.). Research Handbook on the Protection of Intellectual Property under WTO Rules. Cheltenham: Edward Elgar Publishing, 2010.

[37] GRAEME B. DINWOODIE. The Architecture of the International Intellectual Property System[M]// PETER K. YU(ed.). Intellectual Property and Information Wealth: Issues and Practices in the Digital Age. Westport: Praeger, 2007:4.

[38] GRAHAM DUTFIELD, UMA SUTHERSANEN. Global Intellectual Property Law[M]. Edward Elgar Publishing, 2008:vii.

[39] GRAHAM DUTFIELD, UMA SUTHERSANEN. Innovation and Development[M]// UMA SUTHERSANEN, GRAHAM DUTFIELD, KIT BOEY CHOW(eds.). Innovation without Patents: Harnessing the Creative Spirit in a Diverse World. Cheltenham, Northampton: Edward Elgar Publishing, 2007:8.

[40]GRAHAM DUTFIELD, UMA SUTHERSANEN. The Innovation Dilemma: Intellectual Property and The Historical Legacy of Cumulative Creativity [J]. Intellectual Property Quarterly, 2004, Vol. 8, No. 4: 379-421.

[41]GUDRUN MONIKA ZAGEL. WTO & Human Rights: Examining Linkages and Suggesting Convergence [J]. International Law Organization IDLO Voices of Development Jurists Paper Series, 2005.

[42]GUO SHOUKANG, ZOU XIAODONG. Are Chinese Intellectual Property Laws Consistent with the TRIPs Agreement? [M]// PAUL TORREMANS, HAILING SHAN, JOHAN ERAUW (eds.). Intellectual Property and TRIPs Compliance in China: Chinese and European Perspectives. Chaltenham, Northampton: Edward Elgar Publishing, 2007: 15.

[43]HA-JOON CHANG. Kicking Away the Ladder: Development Strategy in Historical Perspective[M]. London: Anthem Press, 2002.

[44]HISAMITSU ARAI. Intellectual Property Policies for the Twenty-First Century: The Japanese Experience in Wealth Creation [M]. WIPO Publication, 1999: 33.

[45]HORACIO RANGEL-ORTIZ. Patent and Trademark Rights in Commercial Agreements Entered by the United States with Latin American in the First Decade of the Twenty-first Century: Divide et vinces [M]//GUSTAVO GHIDINI, RUDOLPH J. R. PERITZ, MARCO RICOLFI (eds.). TRIPs and Developing Countries: Towards a New IP World Order? Cheltenham, Northampton: Edward Elgar Publishing, 2014: 85-86.

[46]HOWARD C. ANAWALT. Intellectual Property Scope: International Intellectual Property, Progress, and the Rule of Law[M]//OVE GRANSTRAND (ed.). Economics, Law and Intellectual Property: Seeking Strategies for Research and Teaching in a Developing Field. Dordrecht: Kluwer Academ-

ic Publishers, 2003: 74–75.

[47] IFPI. Digital Music Report 2012: Expanding Choice. Going Global [R]. 2012: 23.

[48] IFPI. Digital Music Report 2014: Lighting up New Markets [R]. 2014: 36.

[49] IGOR GLIHA. Negotiation on the Accession to the EU and the Harmonization of Intellectual Property with the Acquis Communautaire in Light of Globalization [M]//WOLRAD P. ZU WALDECK UND PYRMONT, MARTIN J. ADELMAN, ROBERT BRAUNEIS, et al. (eds.). MPI Studies on Intellectual Property, Competition and Tax Law 6: Patents and Technological Progress in a Globalized World. Berlin, Heidelberg: Springer, 2009: 556–557.

[50] IKECHI MGBEOJI. Global Biopiracy: Patents, Plants and Indigenous Knowledge [M]. Vamcouver: UBC Press, 2006: 223.

[51] Implementing the WTO TRIPs Agreement through Partnership & Technical Cooperation [R/OL]. http://www.wto.org/english/tratop_e/trips_e/ta_docs_e/trips_tech_coop_e.pdf.

[52] JAGDISH N. BHAGWATI. Afterword: The Question of Linkage [J]. The American Journal of International Law, 2002, 19(1): 127.

[53] JAGDISH N. BHAGWATI. In Defense of Globalization [M]. New York: Oxford University Press, 2004: 185.

[54] JAGDISH N. BHAGWATI. Protectionism [M]. Cambridge: The MIT Press, 1988: 41.

[55] JAKOB EDLER, LUKE GEORGHIOU. Public Procurement and Innovation —Resurrecting the Demand Side [J]. Research Policy, Volume 36, Issue 7, September 2007: 949–963.

[56] JAMES J. FAWCETT, PAUL TORREMANS. Intellectual Property and Pri-

vate International Law[M]. New York: Oxford University Press, 1998: 23–24.

[57]JANE C. GINSBURG. International Copyright: From a 'Bundle' of National Copyright laws to Super-national Code? [J]. The Journal of the Copyright Society of the United States, Millenium Volume, June 2000, Vol. 47: 265, 268.

[58]JAY DRATLER. Intellectual Property Law: Commercial, Creative and Industrial Property [J]. New York: Law Journal Seminars Press, 1991: §1.99–§1.100.

[59]JAYASURIYA KANISHKA. The Rule of Law in the Era of Globalization: Globalization, Law and the Transformation of Sovereignty: The Emergence of Global Regulatory Governance [J]. Indiana Journal of Global Legal Studies, 1999, Vol. 6: 425–456.

[60]JENNIFER PRAH RUGER. Toward a Theory of a Right to Health: Capability and Incompletely Theorized Agreements [J]. 2 Yale Journal of Law & the Humanities, 2013, 18(2): 278.

[61]JOSEPH STIGLIZ. Innovation: A Better Way than Patents[J]. New Scientist, 2006-09-16, No. 2569: 21.

[62]JUAN HE. The Influence of Globalization on the Principle of National Treatment in Intellectual Property[M]//Collection of Abstracts from the International Scholastic Conference: Law as a Unifying Factor of Europe—Jurisprudence and Practice. Univerzita Komenského v Bratislave-Právnickáfakulta, 2010: 130.

[63]KEITH E. MASKUS, JEROME H. REICHMAN. The Globalization of Private Knowledge Goods and the Privatization of Global Pubic Goods [J]. KEITH E. MASKUS, JEROME H. REICHMAN(eds.). Journal of Interna-

tional Economic Law, International Public Goods and Transfer of Technology: Under a Globalized Intellectual Property Regime. Cambridge University Press, 2004, Vol. 7, No. 2: 279-320.

[64] KEITH E. MASKUS. Intellectual Property Rights in the Global Economy [R]. The Institute for International Economics, 2000.

[65] LAIKWAN PANG. Cultural Control and Globalization in Asia: Copyright, Piracy, and Cinema[M]. Abingdon: Routledge, 2006: 98-117.

[66] LAWRENCE LESSIG. Free Culture: How Big Media Use Technology and The Law to Lock Down Culture and Control Creativity [M]. New York: The Penguin Press, 2004: 63.

[67] LEONARD K. CHENG. United States Direct Investment in China: Basic Facts and Some Policy Issues[M]//Y. Y. KUEH(ed.). The Political Economy of Sino American Relations: A Greater China Perspective. Hong Kong: Hong Kong University Press, 1997: 118.

[68] MARGRETH BARRETT. The United States´ Doctrine of Exhaustion: Parallel Imports of Patented Goods[J]. Northern Kentucky Law Review, 2000 (27): 920-927.

[69] MARGRETH BARRETT.Intellectual Property, 2/e[M]. New York: Aspen Publishers, 2008: 287.

[70] MARIA F. JORGE. Intellectual Property Rights in the Agenda of the Development Countries. Intellectual Property Laws and Access to Medicine [M]//JORGE M. MARTINEZ-PIVA (ed.). Knowledge Generation and Protection: Intellectual Property, Innovation and Economic Development. New York: Springer, 2008: 155.

[71] MEIR P. PUGATCH. Political Economy of Intellectual Property Policy-Making: Theory and Practice——An Observation from a Realistic (and

Slightly Cynical) Perspective [M]//FIONA MACMILLAN (ed.). New Directions in Copyright Law. Chaltenham, Northampton: Edward Elgar Publishing, 2007: 100.

[72] MICHAEL A. EPSTEIN. Epstein on Intellectual Property, 5/e [M]. New York Aspen Publishers, 2008: 15.02(c)-15.03(a).

[73] MICHAEL BLAKENEY. Trade Related Aspects of Intellectual Property Rights: A Concise Guide to the TRIPs Agreement [M]. London: Sweet & Maxwell. 1996: 1-42.

[74] MICHAEL J. TREBILCOCK, ROBERT HOWSE. The Regulation of International Trade, 2/e [M]. New York: Routledge, 1999: 314.

[75] MICHAEL P. RYAN. Knowledge-Economy Elites, the International Law of Intellectual Property and Trade and Economic Development [J]. Cardozo Journal of International and Comparative Law, Springer, 2002, Vol.10, No. 1: 271.

[76] MICHELE BOLDRIN, DAVID K. LEVINE. Against Intellectual Monopoly [M]. New York: Cambridge University Press, 2008: 10-12.

[77] Ministry of Education. The Ministry of Education Reports 2008 [R]: 1-58.

[78] NICOLAS F. DIEBOLD. Non-discrimination in International Trade in Services: "Likeness" in WTO/GATS [M]. New York: Cambridge University Press, 2010: 17, 20.

[79] OECD. Expenditure on R&D in OECD Factbook 2013: Economic, Environmental and Social Statistics [M]. Paris: OECD Publishing, 2013: 150-151.

[80] PAUL E. GELLER. From Patchwork to Network: Strategies for International Intellectual Property in Flux [J]. Duke Journal of Comparative & International Law, 1998, Vol. 9: 69. See also Vanderbilt Journal of Transnation-

al Law, 1998, Vol. 31:553.

[81] PAUL GOLDSTEIN, P. BERNT HUGENHOLTZ. International Copyright: Principles, Law and Practice, 2/e [M]. New York: Oxford University Press, 2010:10.

[82] PAUL VANDOREN, PEDRO VELASCO MARTINS. The Enforcement of Intellectual Property Rights: An EU Perspective of a Global Question [M]//MEIR PEREZ PUGATCH (ed.). The Intellectual Property Debate: Perspectives from Law, Economics and Political Economy [M]. Cheltenham, Nortbampton: Edward Elgar Publishing, 2006:67.

[83] PETER K. YU. Five Disharmonizing Trends in the International Intellectual Property Regime [M]//PETER K. YU (ed.). Intellectual Property and Information Wealth: Issues and Practices in the Digital Age. West port: Praeger, 2007:88-89.

[84] PETER-TOBIAS STOLL, FRANK SCHORKOPF. WTO: World Economic Order, World Trade Law [M]. Leiden: MartinusNijhoff Publishers, 2006: 25.

[85] PETER-TOBIAS STOLL, JAN BUSCHE, KATRIN AREND(eds.). WTO—Trade-Related Aspects of Intellectual Property Rights (Max Planck Commentaries on World Trade Law) [M]. Leiden: Martinus Nijhoff Publishers, 2008:153.

[86] PING WANG. China's Accession to the WTO Government Procurement Agreement——Challenges and the Way Forward [J]. Journal of International Economic Law, 2009, 12(3):663-706.

[87] RAINER MOUFANG. The Extraterritorial Reach of Patent Law [M]// WOLRAD P. ZU WALDECK UND PYRMONT, MARTIN J. ADELMAN, ROBERT BRAUNEIS, et al.(eds.). MPI Studies on Intellectual Property,

Competition and Tax Law 6: Patents and Technological Progress in a Globalized World. Berlin Heidelberg: Springer, 2009: 601.

[88] RAMESH CHANDRA. Issues of Intellectual Property Rights [M]. Isha Books, 2004: 233.

[89] RAVI SARATHY. Strategic Evolution and Partnering in the India Pharmaceutical Industry [M]//SUBHASH C. JAIN (ed.). Emerging Economies and the Transformation of International Business: Brazil, Russia, India and China(BRICs). Cheltenham, Northampton: Edward Elgar Publishing, 2006: 229.

[90] RAYMOND T. NIMMER, PATRICIA ANN KRAUTHAUS. Globalisation of Law in Intellectual Property and Related Commercial Contexts [M]//in CHRISTOPHER ARUP(ed.). Science, Law & Society: A Special Issue of Law in Context. Melbourne: La Trobe University Press, 1992: 80.

[91] REIJO MIETTINEN. National Innovation System: Society Concept or Political Rhetoric[M]. Helsinki: Edita Prima Ltd, 2002.

[92] ROBERT COOTER. The Falcon's Gyre: Legal Foundations of Economic Innovation and Growth [M]. Berkeley: California Berkeley Law Books, 2013.

[93] ROBERT D. ANDERSON. China's Accession to the WTO Agreement on Government Procurement: Procedural Considerations, Potential Benefits and Challenges, and Implications of the Ongoing Re-negotiation of the Agreement[J]. Public Procurement Law Review, 2008, 4: 161-174.

[94] ROBERT DALPé. Effects of Government Procurement on Industrial Innovation[J].Technology in Society, Volume 16, Issue 1, 1994: 65-83.

[95] ROBERT M. SHERWOOD. Why a Uniform Intellectual Property System Makes Sense for the World [M]//MITCHEL B. WALLERSTEIN, MARY

E. MOGEE & Roberta A. Schoen(eds.). Global Dimensions of Intellectual Property Rights in Science and Technology. Washington, DC: National Academy, 1993:79–80.

[96] ROVERT C. BIRD. The Impact of Coercion on Protecting US Intellectual Property Rights in The BRIC Economies[M]//SUBHASH C. JAIN(ed.), Emerging Economies and the Transformation of International Business: Brazil, Russia, India and China(BRICs). Cheltenham, Northampton: Edward Elgar Publishing, 2006:432–433.

[97] STEFANIA SCANDIZZO. Intellectual Property Rights and International R&D Competition (IMF Working Paper) [R]. International Monetary Fund, 01 June 2001, WP/01/81.

[98] STEPHEN P. LADAS. Patents, Trademarks and Related Rights: National and International Protection[J]. Vol. 1. Harvard University Press, 1975: 269.

[99] SUSAN STRANGE. What Theory?The Theory in Mad Money[R/OL]. University of Warwick, CSGR Working Paper 18/98, December 1998. Available at: http://wrap.warwick.ac.uk/2107/1/WRAP_Strange_wp1898.pdf.

[100] SUZANNE SCOTCHMER.Innovation and Incentive[M]. Cambridge: MIT Press, 2004:325.

[101] TERENCE P. STEWART.(ed.)The GATT Uruguay Round: A Negotiating History (1986–1994) Volume IV: The End Game (Part I) [M]. Hague: Kluwer Law International, 1999.

[102] The Eco-Patent Commons: A Leadership Opportunity for Global Business to Protect the Planet[R]. October 2013:2.

[103] THOMAS COTTIER, PIERRE VÉRON(eds.). Concise International and European IP Law: TRIPs, Paris Convention, European Enforcement and

Transfer of Technology [M]. Alahen aan den Rijn: Kluwer Law International, 2008:17.

[104] THOMAS COTTIER. The Agreement on Trade-Related Aspects of Intellectual Property Rights [M]//PATRICK F. J. MACRORY, ARTHUR E. APPLETON & MICHAEL G. PLUMMER (eds.). The World Trade Organization: Legal, Economic and Political Analysis, Vol. I. New York: Springer Science+Business Media, 2005.

[105] Trade and Climate Change: Report by the United Nations Environment Programme and the World Trade Organization [R]. UNEP and WTO, 2009.

[106] United States International Trade Commission. China: Effects of Intellectual Property Infringement and Indigenous Innovation Policies on the U. S. Economy [R]. Investigation No. 332-519, USITC Publication 4226, May 2011.

[107] US Congress. Office of Technology Assessment. Intellectual Property Rights in an Age of Electronics and Information [R]. OTA-CIT-302. U. S. Government Printing Office, 1986:219.

[108] USITC. The U.S. International Trade Commission Section 337 investigations [R], USITC Publication No. 4105, 2009.

[109] WALTER PARK, DOUGLAS LIPPOLDT. The Impact of Trade-Related Intellectual Property Rights on Trade and Foreign Direct Investment in Developing Countries [J]. OECD Papers: Special Issue on Trade Policy, 2003, Vol. 3, No. 11, Paper No. 294.

[110] WANG YING. US Firms Mixed on Biz Environment [N]. China Daily, 2010-08-18.

[111] WHO, WIPO and WTO. Promoting Access to Medical Technologies and

Innovation: Intersections between Public Health, Intellectual Property and Trade[R]. 2013.

[112]WHO. Public Health, Innovation and Intellectual Property Rights: Report of the Commission on Intellectual Property Rights, Innovation and Public Health[R]. 2006.

[113]WHO. The Selection and Use of Essential Medicines: Report of the WHO Expert Committee[R]. 2013: 79–80.

[114]WILLIAM H. A. JOHNSON. Transitions in Innovation: Musings on The Propensity and Factors toward Proactive Innovation in China[M]//SUB-HASH C. JAIN(ed.). Emerging Economies and the Transformation of International Business: Brazil, Russia, India and China (BRICs) [M]. Cheltenham, Northampton: Edward Elgar Publishing, 2006: 265.

[115]WILLIAM J. DAVEY, WERNER ZDOUC. The Triangle of TRIPs, GATT and GATS[M]//THOMAS COTTIER, PETROS C. MAVROIDIS (eds.). Intellectual Property: Trade, Competition and Sustainable Development. Ann Arbor: The University of Michigan Press, 2003: 54.

[116]William Lesser. An Overview of Intellectual Property Systems[M]//Wolfgang E. Siebeck(ed.). Strengthening Protection of Intellectual Property in Developing Countries: A Survey of the Literature. World Bank, 1990: 5–15.

[117]WILLIAM P. ALFORD. To Steal a Book Is an Elegant Offense: Intellectual Property Law in Chinese [M]. Stamford: Stanford University Press, 1995: 130.

[118]WIPO. PCT Yearly Review: The International Patent System[R]. 2013.

[119]WOLRAD P. ZU WALDECK Und PYRMONT. Special Legislation for Genetic Inventions—A Violation of Article 27 (1) TRIPs? [M]//WOLRAD

P. ZU WALDECK Und PYRMONT, MARTIN J. ADELMAN, ROBERT BRAUNEIS, et al.(eds.). MPI Studies on Intellectual Property, Competition and Tax Law 6: Patents and Technological Progress in a Globalized World. Berlin, Heidelberg: Springer Berlin Heidelberg, 2009: 295.

[120] WTO. Report of the Panel on United States—Section 211 Omnibus Appropriations Act of 1998[R]. WT/ DS176/R. 6 Augest 2001.

附录

附录一　专有名词的中英文全称、简称及缩略语

表一为本文所涉专有名词(包括国际组织与相关公约、条约)的中英文全称、简称及英文缩写词。

表一　专有名词的中英文全称、简称及缩略语

缩略语	英文全称	英文简称	中文全称	中文简称
TRIPs	Agreement on Trade-Related Aspects of Intellectual Property Rights	TRIPS Agreement	与贸易有关的知识产权协议	知识产权协议
/	Berne Convention for the Protection of Literary and Artistic	Berne Convention	伯尔尼保护文学和艺术作品公约	伯尔尼公约
/	Convention Establishing the World Intellectual Property Organization	WIPO Convention	建立世界知识产权组织公约	/

续表

缩略语	英文全称	英文简称	中文全称	中文简称
GATT	General Agreement on Tariffs and Trade（WTO）	/	关税及贸易总协定	关贸总协定
GPA	Government Procurement Agreement（WTO）	/	WTO政府采购协议	/
/	International Convention for the Protection of New Varieties of Plants	UPOV Convention	国际植物新品种保护公约	/
/	Madrid Agreement Concerning the International Registration of Marks	Madrid Agreement (Marks)	商标国际注册马德里协定	马德里协定
/	Marrakesh Agreement Establishing the World Trade Organization	Marrakech Agreement	马拉喀什建立世界贸易组织协定	建立世界贸易组织协定
/	Paris Convention for the Protection of Industrial Property	Paris Convention	保护工业产权巴黎公约	巴黎公约
PCT	Patent Cooperation Treaty	PCT	专利合作条约	/
/	Protocol Relating to the Madrid Agreement Concerning the International Registration of Marks	Madrid Protocol	商标国际注册马德里协定有关议定书	马德里议定书

缩略语	英文全称	英文简称	中文全称	中文简称
/	Rome Convention for the Protection of Performers, Producers of Phonograms and Broadcasting Organizations	Rome Convention	保护表演者录音制品制作者和广播组织罗马公约	罗马公约
/	Singapore Treaty on the Law of Trademarks	Singapore Treaty	商标法新加坡条约	新加坡条约
/	Strasbourg Agreement Concerning the International Patent Classification	Strasbourg Agreement	国际专利分类斯特拉斯堡协定	斯特拉斯堡协定
UPOV	The International Union for the Protection of New Varieties of Plants		国际植物新品种保护联盟	/
VCLT	The Vienna Convention on the Law of Treaties		维也纳条约法公约	/
TLT	Trademark Law Treaty	/	商标法条约	/
UNESCO	United Nations Educational, Scientific and Cultural Organization	/	联合国教育科学及文化组织	联合国教科文组织
FAO	United Nations Food and Agriculture Organization		联合国粮食与农业组织	联合国粮农组织
UCC	Universal Copyright Convention	/	世界版权公约	/

缩略语	英文全称	英文简称	中文全称	中文简称
/	Vienna Agreement for Establishing an International Classification of the Figurative Elements of Marks	Vienna Agreement	建立商标图形要素国际分类维也纳协定	维也纳协定
/	Washington Treaty on Intellectual Property in Respect of Integrated Circuits	Washington Treaty	关于集成电路知识产权条约	华盛顿条约
WCT	World Intellectual Property Organization Copyright Treaty	/	世界知识产权组织版权条约	/
WPPT	World Intellectual Property Organization Performances and Phonograms Treaty	/	世界知识产权组织表演和录音制品条约	/
WHO	World Health Organization	/	世界卫生组织	/
WIPO	World Intellectual Property Organization		世界知识产权组织	/
WTO	World Trade Organization	/	世界贸易组织	/

附录二　中国已加入的世界知识产权公约名录

表二为中国已加入的世界知识产权公约名录❶,没有加入生效日期表示公约未生效,截止日期2017年12月15日。

表二　中国已加入的世界知识产权公约名录

公约名称	公约管理组织	公约制定日期	加入/批准日期	生效日期	签字日期（未生效）
Agreement on Trade-Related Aspects of Intellectual Property Rights 与贸易有关的知识产权协议	世界贸易组织（WTO）	1994-4-15	/	2001-12-11	/
Beijing Treaty on Audiovisual Performances 视听表演北京条约	世界知识产权组织（WIPO）	2012-6-24	批准：2014-6-9	未生效	2012-6-26

---

❶本表相关信息来自世界知识产权组织官方网站,参见:http://www.wipo.int;世界贸易组织官方网站,参见:http://www.wto.org/english/tratop_e/ trips_e/trips_e.htm;国际植物新品种保护联盟,参见:http://www.upov. int/en/about/upov_convention.htm;联合国教育科学及文化组织,参见:http://portal.unesco.org/en/ev.php-URL_ID=15381&URL_DO=DO_TOPIC&URL_SECTION=201.html。最后访问时间2017年12月15日。

公约名称	公约管理组织	公约制定日期	加入/批准日期	生效日期	签字日期（未生效）
Berne Convention 伯尔尼保护文学和艺术作品公约	世界知识产权组织（WIPO）	1886-9-9	加入：1992-7-10	1992-10-15	/
Budapest Treaty 国际承认用于专利程序的微生物保存布达佩斯条约	世界知识产权组织（WIPO）	1977-4-28	加入：1995-4-1	1995-7-1	/
Locarno Agreement 建立工业品外观设计国际分类洛迦诺协定	世界知识产权组织（WIPO）	1968-10-8	加入：1996-6-17	1996-9-19	/
Madrid Agreement Marks 商标国际注册马德里协定	世界知识产权组织（WIPO）	1891-4-14	加入：1989-7-4	1989-10-4	/
Madrid Protocol 商标国际注册马德里协定有关议定书	世界知识产权组织（WIPO）	1989-6-27	加入：1995-9-1	1995-12-1	/
Marrakesh VIP Treaty 关于为盲人、视力障碍者或其他印刷品阅读障碍者获得已出版作品提供便利的马拉喀什条约	世界知识产权组织（WIPO）	2013-6-27	/	未生效	2013-6-28
Nice Agreement 商标注册用商品和服务国际分类尼斯协定	世界知识产权组织（WIPO）	1957-6-15	加入：1994-5-5	1994-8-9	/
Paris Convention 保护工业产权巴黎公约	世界知识产权组织（WIPO）	1883-3-20	加入：1984-12-19	1985-3-19	/

续表

公约名称	公约管理组织	公约制定日期	加入/批准日期	生效日期	签字日期（未生效）
PatentCooperation Treaty 专利合作条约	世界知识产权组织（WIPO）	1970-6-19	加入：1993-10-1	1994-1-1	/
Geneva Phonograms Convention 保护录音制品制作者防止未经许可复制其录音制品日内瓦公约	世界知识产权组织（WIPO）	1971-10-29	加入：1993-1-5	1993-3-30	/
Singapore Treaty 商标法新加坡条约	世界知识产权组织（WIPO）	2006-3-27	/	未生效	2007-1-29
Strasbourg Agreement 国际专利分类斯特拉斯堡协定	世界知识产权组织（WIPO）	1971-3-24	加入：1996-6-17	1997-6-19	/
Trademark Law Treaty 商标法条约	世界知识产权组织（WIPO）	1994-10-27	/	未生效	1994-10-28
Universal Copyright Convention 世界版权公约	联合国教育科学及文化组织（UNESCO）	1952-9-6	/	1992-7-30	/
UPOV Convention 植物新品种保护国际公约	国际植物新品种保护联盟（UPOV）	1961-12-2	加入：1999-3-23	1999-4-23	/

公约名称	公约管理组织	公约制定日期	加入/批准日期	生效日期	签字日期（未生效）
WIPO Convention 建立世界知识产权组织公约	世界知识产权组织（WIPO）	1967-7-14	加入：1980-3-3	1980-6-3	/
WIPO Copyright Treaty 世界知识产权组织版权条约	世界知识产权组织（WIPO）	1996-12-20		2007-6-9	/
WIPO Performances and Phonograms Treaty 世界知识产权组织表演和录音制品条约	世界知识产权组织（WIPO）	1996-12-20	加入：2007-3-9	2007-6-9	/
关于集成电路知识产权条约 Washington Treaty	世界知识产权组织（WIPO）	1989-5-26	/	未生效	1990-5-1